Miracles !
Vous y croyez, vous ?

Tous droits de reproduction totale ou traduction, réservés.

C 2022 auteur Jean-Luc Lezeau

Edition : BoD – Books on Demand, info@bod.fr
Impression: BoD – Books on Demand, In de Tarpen 42, Norderstedt (Allemagne)
Impression à la demande

ISBN: 978-2-3220-1051-6
Dépôt légal: Décembre 2022

Miracles !
Vous y croyez, vous ?

Souvenirs extraordinaires
d'un Missionnaire en Afrique.

Jean-Luc Lézeau

Du même auteur :

« **Srategic Church Finances: A Biblical Approach**" by Jean-Luc Lézeau and Benjamin C Maxson. 2008.

« **Pour une vie meilleure** » Collection de 9 DVD de 35 émissions de 30mn. Département de la Gestion Chrétienne de la vie. Conférence Générale des Adventistes du Septième Jour. 2009

« **La vie en abondance** » 2012. JLL Publishing. Epuisé.

Prologue

Je n'ai jamais connu mon père. Je suis né trois mois après qu'il ait été tué, pendant la seconde guerre mondiale, dans la fameuse bataille de Monte Casino près de Rome. Mon père était infirmier à l'armée. Il n'avait pas vraiment eu le choix : le statut d'objecteur de conscience était inconnu à l'époque, et l'enrôlement dans l'armée était obligatoire pour tout le monde, pasteur ou pas, et c'était son cas.[1] Ne voulant pas porter les armes, il opte pour le meilleur moyen d'aider ses camarades : devenir infirmier. Après avoir sauvé plusieurs d'entre eux, il est blessé lui-même, et meurt au combat, car quoique sa blessure ne fût pas mortelle, personne n'est venu le secourir. C'est cette image idéalisée du père qui part à l'étranger et

---

[1] Antoine Lézeau était pasteur en Algérie à cette époque.

donne sa vie pour sauver celle des autres qui a été ma motivation pour devenir missionnaire.

Des années plus tard Eileen, mon épouse, et moi, recevons notre appel : aller enseigner dans une école secondaire à Lukanga, au Zaïre[2]. J'ai découvert que servir en tant que missionnaire était comme s'engager dans l'armée française : après une formation de base, le sergent demandait aux recrues : « quel est votre métier ? ». Si la réponse était mécanicien, on était envoyé en cuisine. Si la réponse était boulanger, il finissait en tant que chauffeur de camion etc. De la même manière, on m'a demandé d'enseigner toutes sortes de matières sauf celle pour laquelle j'étais qualifié. J'ai vite appris qu'un professeur devait toujours avoir deux cours d'avance sur ses élèves.

Quand nous avons reçu la nouvelle du lieu de notre mission, Google Earth n'existait pas. Nous avons donc plongé dans un atlas pour trouver où se trouvait

---

[2] Actuellement la République Démocratique du Congo.

Lukanga. C'est là que nous avons réalisé que c'était si petit que l'atlas ne le mentionnait même pas (à ce jour, Google Earth n'y est toujours pas mentionné). On nous a dit que la ville la plus proche était Butembo, qui n'était pas sur la carte non plus. Goma était la seule ville assez importante pour qu'elle soit mentionnée mais elle était à plus de 300 km de là ! Bienvenue à nulle part ! La deuxième découverte était le nombre impressionnant d'écoles, d'hôpitaux et de stations missionnaires autour du monde qui se trouvent dans un endroit presque impossible à trouver.

  Pour être un peu préparés au choc culturel que nous allions subir, nous avons été invités au premier Institut des Missions organisé à l'extérieur des États-Unis par les Docteurs Oosterwald et Staples. C'était un séminaire d'un mois tenu à l'Université de Newbold à Binfield, Angleterre.

Dr. Oosterwald est à l'extrême gauche et Dr. Staples est tout en haut à l'extrême droite.

Un bon départ ?[3]

Notre voyage pour l'Afrique a commencé le Jeudi 4 Septembre en 1975 à précisément 6:40 du matin, à la gare de Thonon-les-Bains en France, où nous vivions. Nous sommes arrivés à la Gare de l'Est de Paris à 13:30 pour ensuite prendre un taxi jusqu'à l'aéroport de Roissy. Nous devions prendre ensuite l'avion jusqu'à Bruxelles puis un autre jusqu'à Kinshasa, la capitale du Zaïre. Nous aurions pu partir directement en avion depuis Genève, en Suisse, qui est à 40 km de Thonon mais apparemment quelqu'un avait décidé que cela aurait été trop facile pour une famille avec deux petits enfants de commencer leur service missionnaire de cette façon.

---

[3] Les trois premiers chapitres de cet ouvrage ont été publiés dans un article en anglais de Adventist Review du 24 Mai 2012.

Nos allocations de bagages nous ont permis de ne prendre que l'essentiel des affaires avec lesquelles nous allions vivre pendant les trois mois à venir. Nous avons donc Eileen, moi et nos deux enfants alors âgés de trois et quatre ans, mis en bagages accompagnés trois malles métalliques et deux valises. Nous sommes arrivés à Bruxelles à l'heure et avons fait tranquillement la queue au guichet Sabena pour obtenir nos cartes d'embarquement pour Kinshasa. À notre grande surprise on nous dit que nos billets de missionnaires ne nous permettaient pas de prendre l'avion de cette compagnie ! Nous avons plaidé que nos bagages étaient déjà en route pour Kinshasa, que nous n'avions rien avec nous et que nous avions deux petits enfants avec nous…en vain. L'agent nous a expliqué que la seule solution était de mettre nos noms sur la liste d'attente pour le prochain vol d'Air Zaïre, qui était complet ce jour-là. Notre aventure vers nulle part commençait bien, et notre désir de partir en mission commença à faiblir. Était-ce bien là le plan que Dieu avait tracé pour nous en Afrique ?

Les cours et les présentations pendant l'Institut des Missions étaient censés nous préparer au choc culturel que nous allions rencontrer sur le continent africain. Mais là, nous n'étions même pas partis et nous étions confrontés à des situations qui auraient pu être évitées si nos chers dirigeants avaient planifié les choses un peu mieux. Il faut ici que je fasse une distinction entre notre président de division qui, ancien missionnaire aurait tout fait pour que tout se passe pour le mieux et le trésorier adjoint en charge des réservations, qui n'était jamais sorti de son pays et n'avait aucune idée de la réalité du terrain. Avec la certitude que le moins cher est toujours le mieux !

Que devions-nous faire ? Je n'avais pas reçu mon premier salaire et comme je venais tout juste de terminer ma licence ce n'étaient pas les économies que nous avions faites alors que j'étais étudiant qui allaient nous mener loin ! Et pour être sincère, je n'avais même aucune idée de combien j'allais être payé ; ce n'était pas le genre de question que nous posions en tant que missionnaires à l'époque. J'étais maintenant supposé trouver un hôtel dans l'une des villes les plus chères d'Europe ! Nous avons donc pris le train puis un taxi jusqu'à la Fédération locale de notre Église pour expliquer notre situation au trésorier. Il prit des décisions rapides en changeant nos tickets d'avion et en trouvant un hôtel pour nous. Le lendemain, nous partions reposés et la tête haute pour continuer notre aventure et découvrir où se trouvait Lukanga. Notre enthousiasme est vite retombé, quand après avoir attendu la plus grande partie de la journée - sans avoir pu nous arrêter faire des courses – on nous expliqua que le premier vol était complet, comme le second, et le troisième... La procédure devait être refaite le lendemain si nous voulions vraiment aller au Zaïre ! J'ai rapidement contacté le trésorier pour confirmer que notre chambre d'hôtel était encore disponible. C'est ainsi que nous avons passé une nouvelle nuit à Bruxelles. Le jour suivant, vendredi, nous sommes informés, enfin, qu'il y avait quatre sièges libres sur un vol qui partait le soir-même.

Nous parlons de nos difficultés avec d'autres passagers du vol, en leur apprenant que nos bagages avaient été envoyés trois jours auparavant à Kinshasa, et ils nous expliquent gentiment que ce n'est pas la peine d'aller les chercher à l'aéroport : ils n'y seront plus. Inutile de dire que cela n'a pas remonté notre moral. Nous étions, avec deux enfants, portant les mêmes vêtements pour le troisième jour consécutif, on venait de perdre tout ce que nous possédions et on se demandait toujours où était le Lukanga !

Après un vol de douze heures nous atterrissons à l'aéroport de N'Jili à Kinshasa la belle, capitale du Zaïre, sur la côte ouest du continent. Les premières impressions que vous avez à l'ouverture des portes de l'avion ce sont les odeurs et la chaleur qui vous frappent en pleine tête. La température atteignait les 40°C.

Malgré les sombres pronostics que nous avions reçus concernant nos bagages, nous sommes allés présenter nos billets à un employé qui nous dirigea vers le bâtiment de fret aérien où, en principe, nos bagages devaient être stockés depuis trois jours. À notre grande surprise, nos trois cantines et deux valises nous attendaient là, sans dommage apparent ! C'est avec des cœurs reconnaissants envers Dieu que nous avons récupéré nos affaires. Dans un pays où le vol et la corruption sont un mode de vie, c'était un réel miracle que nos bagages soient restés intacts !

Comme le Trésorier de la Fédération Belge savait que nous devions partir le soir précédent, nous pensions qu'il avait prévenu notre église locale pour que quelqu'un de la Mission nous attende. Mais personne n'était là. C'est vrai, c'était samedi, mais étant de nouveaux missionnaires avec deux enfants... nous nous attendions à un petit comité d'accueil. Le problème était que je savais que Goma était à l'autre bout du pays, juste deux mille kilomètres plus à l'est mais nous n'avions qu'un ticket jusqu'à Kinshasa ! Comment allions nous voyager jusqu'à Goma ?

Nous avons pris un taxi, chargé nos malles et nos valises, et avons demandé au chauffeur de nous conduire jusqu'à la Mission Adventiste. Il ne nous a pas dit au départ qu'il n'avait jamais entendu parler de cette Église et ne savait pas où elle était située dans une ville de plus d'un million d'habitants. Vue la chaleur ambiante, nous commencions à avoir vraiment soif et nos enfants pleuraient pour une boisson. Pendant ce temps, le conducteur naviguait dans toute la ville, s'arrêtant çà et là demandant aux passants s'ils savaient où se trouvait l'Église Adventiste ! Nous sommes allés jusqu'à l'ambassade de France pour demander si eux savaient où elle était. Jamais entendu parler. Ils nous ont envoyés à l'Église Évangélique la plus proche ! Notre pèlerinage à travers la ville a duré plus de trois heures jusqu'à ce que quelqu'un nous donne enfin des directives précises ; ce qui nous permit de trouver, enfin, la seule petite église adventiste de toute la ville. Nous sommes arrivés juste à la fin du culte ! Grâce à Dieu, à partir de là, Pasteur Célicourt, missionnaire venant de Haïti, a pris les choses en main. Il a demandé à un frère zaïrois de payer le taxi sachant très bien qu'il nous plumerait si le *musungu* (homme blanc) demandait le prix. Pasteur Célicourt nous confirma que personne ne l'avait prévenu de notre arrivée et que, bien sûr, aucune réservation n'avait été faite pour la suite de notre voyage ! C'est probablement pour nous donner un avant-goût de l'Afrique que nous avions été envoyés à l'aventure dans un voyage aussi peu organisé que possible vers une destination au milieu de nulle part !

L'étape suivante était de trouver un endroit où poser nos valises et nous reposer. Dans une capitale où les hôtels sont habituellement nombreux mais assez chers, les missionnaires utilisaient plutôt des chambres d'hôtes dans les Missions protestantes. Malheureusement, il n'y avait plus de place pour le soir : nous avons donc anticipé la réservation pour les nuits suivantes. La seule solution qui nous restait, était de trouver une chambre d'hôtel pour cette nuit. Après avoir visité plusieurs hôtels sans succès, nous nous sommes retrouvés à devoir *négocier* une chambre. C'est la troisième découverte que nous avons faite en Afrique : on peut *négocier* presque tout… surtout un feu rouge ! À l'hôtel suivant, les chambres étaient également toutes réservées, mais en *négociant* près du double du prix, une chambre se libéra miraculeusement ! Nous venions de voyager pendant plus de 28 heures, nous étions épuisés, les vêtements nous collaient à la peau et je ne vous décris même pas l'état des enfants. J'ai payé la chambre et nous sommes montés enfin dans une chambre, Dieu merci, avec de l'air conditionné ! En revanche le mince filet d'eau qui sortait de la douche était plus brun que clair, mais à ce stade là ce n'est pas cela qui nous a rebuté avant de nous effondrer dans nos lits, complètement exténués. C'est seulement le jour suivant que nous avons réalisé que les draps dans lesquels nous avions dormi n'avaient pas été changés !

Le lendemain matin, notre bon ami haïtien est venu nous chercher pour nous amener directement à la Mission protestante où nous allions rester une semaine.

Mais dans la hâte de partir de ce cher, mais pas très propre hôtel, Eileen oublie de prendre son imperméable flambant neuf. Il était déjà tard dans l'après-midi au moment où elle réalise cela. Nous expliquons la situation au gérant du foyer pour qu'il nous appelle un taxi. Avec un sourire triste sur son visage, il nous explique que c'est probablement une perte de temps et d'argent de retourner à l'hôtel car il était pratiquement sûr que l'imperméable n'y serait plus. Après tous les évènements que nous venions de vivre, c'était la goutte d'eau de trop pour Eileen. Elle a prié dans son cœur : « Seigneur si tu veux vraiment que je reste dans ce pays et te serve, laisse-moi trouver mon imperméable ».

Nous sommes retournés à l'hôtel et malgré le fait que la chambre ait été « nettoyée », là, toujours pendu derrière la porte, se trouvait l'imperméable, qui l'attendait sagement. Un miracle ! Vous avez dit miracle ? Dieu a utilisé cet imperméable pour nous dire qu'il nous voulait vraiment là. C'était notre premier week-end en terre missionnaire sur les onze ans que nous allions passer en Afrique.

Eileen, Jean-Philippe et Sandrine avec deux frères zaïrois sur le Campus de la mission protestante où nous allions passer une semaine.

Il nous a fallu une semaine de *négociations* avec l'agence de voyage pour trouver quatre sièges pour Goma. Et un second tour de *négociations* à l'aéroport, parce que même en ayant des billets, rien ne garantissait le droit de monter à bord de l'avion d'Air Zaïre, étant donné qu'ils vendaient toujours plus de billets que de sièges disponibles. Air Zaïre était mieux connu par tout le monde sous le nom d'*Air Peut-être* parce que personne ne savait de manière certaine si le pilote allait venir ce jour-là, s'il y avait de l'essence dans l'avion, ni quand il décollerait. Nous sommes finalement arrivés à Goma… mais une valise s'était égarée en chemin.

Claude Sabot, un ancien camarade de classe de Collonges, nous attendait à l'aéroport. Il était le directeur du lycée de Lukanga.

Nous avons passé le week-end à la Mission de Goma, attendant jusqu'au mercredi pour que notre valise arrive. Mais mercredi elle n'était toujours pas là.[4]

Claude avait déjà passé plusieurs années en Algérie, à Madagascar et au Zaïre, nous nous sentions donc rassurés. Cela ne l'a pas empêché de conduire sa voiture dans un fossé sur la route de Lukanga !

---

[4] Ce ne fut que le 18 décembre, à l'occasion d'une réunion entre missionnaires pour célébrer l'anniversaire d'Eileen que Claude lui ¨ offrit ¨ sa valise qu'il avait ramenée la veille de Goma. Il n'a fallu que 66 jours pour la récupérer…et vous dites que l'administration française est lente ?

Il est vrai que c'était la saison des pluies. Les routes, couvertes de boue étaient très glissantes. Celle que nous empruntions passait à travers la réserve de Rwankeri. Et pendant que nous attendions au bord de la route qu'une voiture passe et nous aide à sortir de l'ornière, nous avons eu la chance de voir des okapis qui broutaient non loin. Ce sont des animaux extrêmement rares, et c'est la seule fois que nous en verrions pendant tout notre séjour africain. Peut-être que Dieu les a utilisés pour nous faire un petit clin d'œil nous disant : « Vous voyez, au milieu de toutes ces mésaventures, vous êtes privilégiés de voir une de mes créations rares. Je leur ai demandé d'être là juste pour vous ».

Nous sommes arrivés à Lukanga, la station missionnaire mythique le 16 septembre… treize jours après notre départ de Thonon.

Lukanga

En arrivant sur le campus, nous avons été accueillis par une demi-douzaine de missionnaires, venant du Canada, des États-Unis et de Belgique.

L'ainé était Elton Wallace qui avait été missionnaire au Viêt-Nam et en Afrique du Sud. Il commençait à bâtir et créer un département de théologie qui est toujours, à ma connaissance, le seul de la République Démocratique du Congo aujourd'hui. Ensuite, il est parti à Ruhengeri au Rwanda, pour faire la même chose, grâce à sa facilité à lever des fonds aux États-Unis.

Il n'y avait pas d'électricité. Un éclair avait touché le générateur la nuit précédente, probablement pour fêter notre arrivée ! Le jour suivant nous sommes allés à la ville la plus proche, Butembo, pour acheter ce qu'il fallait pour commencer à cuisiner chez nous. Sur le chemin du retour, nous

nous sommes plantés cinq fois dans la boue. Tim Korson, Elton Wallace et moi étions les *motor boys*[5] qui devaient pousser la voiture hors de la boue pendant que Claude dirigeait la manœuvre ! Il fallait bien quelqu'un au volant, et de plus c'était sa voiture, et de plus c'était le directeur, vous voyez un problème ?

---

[5] Un motor boy est l'aide qui nettoie le parebrise, fait le plein, gonfle les pneus, aide à charger le véhicule …tout ce qui est en dessous du statut de chauffeur.

La famille missionnaire de Lukanga en 1975.

<u>De gauche au dernier rang</u>: Tim Korson, Claude Sabot, Jean-Luc et Eileen Lézeau, Pr. Célicour, Averil et Laren Kurtz, Evelyn and Elton Wallace, Diane Korson, Jean-Philippe Lézeau, Philippe et Farida Sabot,
<u>Devant Farida</u>: Eric and Luc Sabot, Fred et Kathy Christiansen.
<u>Devant </u>: Sandrine Lézeau.

Nous allions attendre neuf jours pour que le groupe électrogène soit réparé afin de bénéficier de deux heures d'électricité le soir.

Concernant nos affaires, en un temps où les conteneurs n'existaient pas encore, on nous avait dit (dixit notre trésorier adjoint qui n'avait jamais vécu un jour hors de Suisse) d'emballer toutes nos affaires dans une grande caisse pour éviter les vols. La caisse allait être expédiée à Mombasa (côte Est de l'Afrique), traverser par train tout le Kenya ainsi que l'Ouganda pour arriver à la frontière du Zaïre. Après tout, cela n'est que la moitié du continent africain, les amis ! Nos affaires ont suivi la route indiquée mais sont arrivées… huit mois plus tard. Inutile de vous dire que les affaires que nous avions avec nous avaient plus que servi. À Mombasa, décharger une caisse aussi lourde d'un bateau sur un wagon de chemin de fer ne fut pas un problème car ils étaient équipés ! À la fin de la ligne en Ouganda nous avons eu la chance que quelqu'un ait eu l'idée de glisser notre caisse sur un camion à plateaux pour franchir la frontière. Par contre, ce que notre frère à la Division ne savait pas, c'est qu'à la fin du voyage, à Beni au Zaïre, il n'y avait aucune grue pour décharger notre caisse. Donc, ils l'ont poussée de l'arrière du camion…d'où elle tombée…et s'est ouverte comme un œuf ! Quand nous avons découvert nos affaires, elles étaient empilées en une pyramide dans le coin d'un hangar. Il ne manquait rien, et seul un verre était cassé !

Vous ne croyez toujours pas aux miracles ?

Ad intérim.

Je venais de finir d'enseigner pendant une année des matières qui m'étaient étrangères, quand Claude Sabot nous annonça qu'il partait pour être pasteur au Canada.

La direction de notre Église à Lubumbashi était apparemment au courant de ce départ. Elle m'a demandé d'assurer le rôle de directeur par intérim, « préfet » selon la terminologie locale, en attendant qu'une personne digne de ce poste arrive.

Certains considèreraient cela comme une promotion, mais franchement, quand on m'a demandé si j'étais disposé à accepter le poste, j'étais loin d'être à l'aise. Je n'avais jamais travaillé derrière un bureau. J'étais quelqu'un de manuel : j'aimais travailler avec les mains. Ma première expérience africaine avait été au Cameroun en tant que volontaire pour construire des églises et des bureaux ! L'administration était un concept aussi étranger pour moi que d'aller sur la lune. Et c'est ce que j'ai répondu aux frères.

Les dirigeants de l'Union ont insisté avec deux arguments :

1. J'étais le seul qui connaissait suffisamment le système d'éducation belge pour en parler en français courant avec les autorités locales d'éducation.

2. je n'avais pas à m'inquiéter vu que ce n'était que temporaire. L'Union avait appelé à ce poste un Zaïrois, frère Ntaganda, qui finissait sa Maitrise à l'Université d'Andrews et était supposé arriver avant la nouvelle année scolaire. En d'autres termes : ne pense pas que la promotion que tu vas avoir dépende de ton mérite ! La couleur de mon passeport [6] avait probablement un rapport direct avec cette « promotion » !

---

[6] Couleur Bleu Clair, à l'inverse du passeport américain qui est Bleu Foncé

Sur ces prémices j'ai accepté la responsabilité. Ce que je ne savais pas encore, c'est que je venais de commencer une nouvelle aventure qui allait durer vingt-cinq ans, dans un monde qui m'était complètement étranger : la gestion financière d'institutions scolaires et autres entités de l'Église ! Vous vous souvenez de l'armée française ?

Ce n'est que quelques mois plus tard que j'ai rencontré Dick Roos qui allait m'ouvrir les yeux sur les occasions uniques que Dieu nous offre pour découvrir et développer les dons qu'Il nous donne… si nous sommes assez humbles pour être des outils dans Ses mains. J'en suis la preuve vivante. Mais cela ne veut pas dire que la route allait être forcément simple !

Au moment même où j'acceptai le poste, l'Union appelait frère Kalume, le seul comptable sur le campus, pour aller à Songa, une mission avec un hôpital, dans le sud du pays. Soudainement, non seulement j'étais Préfet ad intérim, mais aussi comptable et trésorier de l'institution. Tout pour le même salaire naturellement ! Ceci est une blague bien sûr, je ne m'attendais en aucun cas à un bonus quel qu'il soit, vu que ceux qui travaillent pour l'Église savent que leur salaire ne dépend pas du nombre de responsabilités qu'ils ont – beaucoup plus tard j'aurais cinq chapeaux différents en même temps-. En fait, comme je l'ai dit nous ne savions pas à l'avance quel allait être mon salaire, Eileen et moi allions bientôt découvrir que celui-ci payait à peine le sac de blé que nous pouvions acheter à Butembo, la ville voisine. Et le choix était simple : l'acheter maintenant qu'il était disponible ou attendre la prochaine cargaison... qui risquait de ne jamais arriver.

Le vérificateur aux comptes de l'Union devait venir à l'école me donner un cours accéléré de comptabilité. C'était Bob Lemon, futur Trésorier de la Conférence Générale. C'est donc Bob qui m'a appris la différence entre un crédit et un débit. D'abord, la couleur du coupon rouge ou jaune, ensuite l'équilibre qui devrait toujours exister en comptabilité entre la colonne de gauche et celle de droite du registre. Et si ces deux montants n'étaient pas les mêmes, c'est que j'avais commis une erreur quelque part. Une autre leçon que Bob m'a donnée était que je pouvais manipuler les chiffres, en suivant certaines règles, pour être sûr qu'ils s'équilibrent. Cependant ce n'était pas quelque chose que l'on pouvait faire avec les gens. Je pense même avoir perçu comme une nuance de regret dans sa voix ! Avec des années de recul, je peux vous garantir que c'était une vérité.

Au marché

Pendant ce temps, je devais préparer l'année scolaire qui arrivait. Le Kivu du nord où l'école de Lukanga est située, est une région très fertile à plus de mille trois cents mètres d'altitude qui se trouve juste sur l'Equateur. Pour aller à Butembo on traversait l'Equateur, une fois à l'aller et une fois au retour. Il suffisait de semer une graine quelconque pour qu'un buisson pousse sans que l'on ait besoin de faire quoi que ce soit. Eileen, dont c'était la première expérience de jardinage, planta toute une poignée de graines de courge pour réaliser son erreur quelques temps plus tard. Tout le jardin était envahi de courges. Tant et si bien qu'elle put en donner à tout le monde ainsi qu'à la cuisine de l'internat. C'est pour cela qu'il est très difficile de comprendre pourquoi nous ne pouvions pas trouver des aliments de base pour nos étudiants internes. Inutile de dire que pour les étrangers, c'était encore plus compliqué. N'essayez pas de trouver votre marque de conserve préférée à Butembo. Parfois la seule option sur les étagères des échoppes était des haricots en boite ! Rien d'autre. L'expérience en termes de courses pour nos sœurs missionnaires était assez courte.

On m'a expliqué, que même le marché de Goma, la ville la plus grande où nous avions atterri, n'était pas assez importante pour y trouver des fûts d'huile de palme, des haricots et d'autres aliments de base. Le grand marché le plus proche était, parait-il, à Kisangani. C'était à sept cent vingt kilomètres sur une longue piste en latérite !

Les routes goudronnées sont en rouge. Facile, non?

C'est une des choses les plus étonnantes en Afrique. Quand nous sommes arrivés en 1975 il y avait officiellement, selon le guide « Jeune Afrique » que j'avais acheté à notre arrivée, 140.000 km de route au Zaïre. Dans un pays qui fait presque quatre fois la taille de la France ou le quart des États-Unis, ce n'était pas terrible. Mais la carte montrant le réseau routier était quelque peu trompeuse car, si dans la rubrique, elle faisait bien une distinction entre les routes asphaltées et celles qui ne l'étaient pas, sur la carte elles avaient toutes la même couleur ! À vous de décider celles qui l'étaient ou pas !

J'avais entendu dire qu'il n'y avait en fait que 125 Km de routes goudronnées. J'ai pas mal voyagé au Zaïre, et je me suis toujours demandé où elles étaient. Je n'en ai jamais vu en dehors des grandes villes et ils avaient probablement compté le Kilométrage en double - une fois en arrivant, l'autre en repartant !

Autant que je sache, c'est probablement une vérité qui touche toutes les ex-colonies francophones. Si des réseaux routiers avaient été construits, très peu de routes étaient bitumées. Souvenons-nous que le Congo Belge était une propriété privée du roi de Belgique, alors même que le Rwanda, était lui une colonie belge. En 1960, quand le Congo Belge est devenu indépendant, il y avait seulement un universitaire congolais diplômé dans tout le pays. Cela ne change pas le fait qu'ils étaient colonisés de la même manière : avec très peu d'infrastructures. Et cela est vrai pour toutes les anciennes colonies francophones.

Néanmoins, aussitôt la frontière traversée dans un pays anglophone, nous sommes accueillis par des routes goudronnées nous souhaitant la bienvenue.

Je suis parti avec Paul, le chauffeur Ougandais, et un motor-boy. Il nous fallut deux jours et une nuit pour arriver avec le camion de l'école. J'ai conduit une partie du chemin pour laisser à Paul l'occasion de se reposer. Au début il était sceptique sur mes capacités de chauffeur mais, après quelques heures, il s'est détendu et a pu se reposer avant notre prochain échange de volant. Nous sommes repartis de Kisangani avec un camion plein de sacs de haricots et autres nourritures essentielles pour la cuisine scolaire juste pour réaliser à mi-chemin que nous avions acheté un fut d'huile de palme qui était percé. Sans le savoir nous avions joué au petit Poucet : la moitié de l'huile avait été semée le long de notre chemin ! Il faut croire que notre fameux motor-boy, qui était derrière avec la cargaison, avait le nez en l'air pendant tout ce temps car il ne s'était aperçu de rien !

En attendant…

Il devenait assez clair que le fameux frère Ntaganda que tout le monde attendait pour devenir le nouveau « préfet » n'allait pas venir.

L'année scolaire avait commencé avec les Wallace, Korson, Kurtz, le nouveau couple Christiansen, Robert Dick et quelques autres nouvelles recrues dans la famille des missionnaires : Eddy Johnson, Pasteur Celicourt et les Ayer.

Ces derniers sont arrivés ayant en tête la promesse que la Conférence Générale leur avait faite : une nouvelle maison les attendait. Malheureusement, c'était eux qui ont dû attendre quelques mois, vu que les fondations venaient à peine d'être terminées !

Pour commencer l'année scolaire, la Conférence Générale nous envoya Dr. Daniel Walther, un professeur suisse retraité de l'Université d'Andrews, qui était le directeur à Collonges quand mon père était encore étudiant en théologie, en 1934 ! C'était un choix étrange, car il avait dépassé largement les soixante-dix ans, et, à part la France, il n'avait jamais de sa vie travaillé à l'étranger, seulement aux États-Unis.

Le jour de son arrivée, il demanda s'il pouvait appeler sa femme pour lui dire qu'après un long voyage, il était arrivé à bon port. C'était un peu gênant de lui expliquer que le téléphone n'existait pas dans cette partie du monde. Notre seule connexion au monde extérieur se faisait grâce à une radio onde courte qui nous reliait à l'Union à 6 h tous les matins.

L'après-midi nous lui avons fait visiter les lieux et, finissant notre visite dans les bureaux de l'école, avons concentré notre conversation sur l'organisation et les défis de l'année scolaire. Alors que la discussion s'éternisait, les 17h de l'après-midi étaient passées, il se leva pour allumer la lumière… et découvrit qu'il fallait attendre 19h pour que le générateur soit mis en marche et seulement pour deux heures !

Plusieurs jours plus tard, il emprunta la Toyota Land Cruiser de l'école pour aller faire un tour. Il avait besoin de sortir un peu. Sa balade ne dura qu'une heure, réalisant qu'il n'y avait nulle part où aller sauf sur de longues routes de terre pleines de trous. Il est reparti quelques jours plus tard, vu que les conditions dans lesquelles nous vivions n'étaient pas à son goût !

Rébellion scolaire

Le fait que Frère Ntaganda soit Tutsi ne me disait absolument rien à l'époque. J'allais bientôt découvrir ce que voulait dire appartenir à une tribu en Afrique. Si vous êtes comme moi à l'époque, laissez-moi vous expliquer en quelques mots. La première allégeance d'un africain est d'abord à sa famille, ensuite à sa tribu puis à son pays.

Cela a bel et bien été démontré au Rwanda en 1994 où des milliers de Tutsis ont été massacrés - quelquefois, avec l'aide de « chrétiens craignant Dieu » -. Les Tutsis sont une minorité (14 %) au Rwanda mais depuis et grâce aux colons belges, ils ont gouverné le pays pendant des décennies. Ils avaient droit à une éducation et une position gouvernementale supérieure pour renforcer le pouvoir de la Belgique sur les Hutus. En 1959, pour la première fois, les Hutus se sont rebellés contre le pouvoir colonial et les Tutsis, qui voulaient conserver leur position. Un génocide monstrueux s'est alors mis en place générant une migration au Congo Belge de plus de deux cent mille Tutsis. Depuis, presque toutes les décennies ont vu des rebellions armées dans le pays, les Tutsis se réfugiant dans les pays alentours. Depuis, le Congo Belge est devenu le Zaïre.

C'est dans ce contexte que nous avons vécu en 1976. La majorité de nos étudiants et des dirigeants de notre Église étaient des Tutsis, habitués au pouvoir et s'attendant à ce que Ntaganda les « libère » de ces missionnaires blancs colonialistes.

Même si l'année scolaire avait commencé normalement, l'épisode du Dr. Walther a donné aux élèves le sentiment que leur frère d'Andrews ne reviendrait pas. C'était un coup dur pour nos élèves Tutsis.

L'excuse de son retard était qu'il finissait sa maîtrise. Mais l'année scolaire était terminée, même à Andrews, et il n'était toujours pas là. Des rumeurs nous étaient parvenues disant qu'il n'avait pas l'intention de retourner au Zaïre. Ntaganda était le premier étudiant zaïrois boursier de la Division Trans- Africaine, envoyé à Andrews pour ses études. Malheureusement, il existe une longue liste d'étudiants africains qui partiront pour ne jamais retourner dans leur pays. Tant pis pour l'Église qui leur avait accordé une bourse en espérant qu'ils retournent et commencent à africaniser le corps enseignant. Il faudra malheureusement attendre encore quelques temps pour que nos dirigeants comprennent que déraciner quelqu'un ne serait-ce « que pour quelques années » afin de lui donner une éducation dans l'espoir qu'il retourne dans son pays pour aider ses frères…cela ne fonctionne pas.

Comprenant la leçon, l'Église commença à créer tout un réseau d'Universités sur plusieurs continents.

Afin de montrer leur fort mécontentement, les étudiants fomentèrent une rébellion contre les missionnaires. Cela a commencé un soir, quand ils sont arrivés de leurs dortoirs, armés de gros bâtons et de machettes. Ils ont encerclé les maisons des missionnaires et ont commencé à canarder nos murs et nos fenêtres de pierres. L'une d'entre elle est passée à travers la fenêtre de la chambre de nos enfants qui étaient couchés dans leurs lits. Nous avons amené Jean-Philippe et Sandrine dans le couloir, aussi loin que possible des fenêtres, pour les protéger des projectiles des deux côtés. Jean-Philippe et Sandrine, même s'ils étaient des enfants, se sont mis à genoux pour prier que Dieu protège tous les missionnaires. Une foi aussi enfantine était magnifique à voir.

Malheureusement, c'était une situation que nous allions devoir affronter de nouveau, mais en d'autres circonstances.

Les élèves ont forcé la porte des Kurtz, et, armés de machettes les ont poursuivis dans leur maison. Heureusement, le couple qui venait d'avoir leur premier enfant a réussi à s'enfermer dans la salle de bain pour se protéger.

Au lieu de me cacher, je suis parti rejoindre Elton Wallace qui essayait de rester calme et de raisonner les élèves. Mais après avoir esquivé quelques pierres qui nous étaient destinées, j'ai ramassé une grosse branche de notre pile de bois de chauffage, et j'ai couru dans leur direction en « bénissant » à droite et à gauche les moins rapides à s'échapper. J'étais sûr de les surprendre par ma réaction, et ils l'étaient. Qu'un bon chrétien ose répondre à leur provocation en utilisant les mêmes armes qu'eux était impensable ! Même Elton essayait de son mieux pour me calmer, mais lui n'avait pas vu ses enfants menacés par leurs projectiles.

Entretemps, alertés par les cris de toutes sortes, les habitants du village le plus proche étaient arrivés. Portant des torches et armés de leurs machettes, ils allaient rester le reste de la nuit sur le campus pour nous protéger. C'est ainsi que nous avons rencontré les Nandis qui, étant les natifs locaux, n'appréciaient pas que ces étrangers de Tutsis interfèrent dans leurs affaires locales. Nous n'avons plus vu d'élèves rebelles le reste de la nuit.

Le jour suivant, quand les autorités locales sont venues faire le constat de la situation, Elton a insisté pour que je leur montre mon dos qui avait été marqué la veille par un coup de bâton, afin de démontrer que l'échange de la veille n'avait pas été verbal uniquement. Ce fut une petite « consolation » pour moi quand j'ai remarqué, le jour d'après, qu'un étudiant avait un bandage autour de sa tête. Personne ne lui a demandé où il était la nuit de l'émeute.

L'Ancien Testament ne mentionne-t-il pas la loi du talion d'un « œil pour un œil » ? Dans le cas précis c'était « une tête pour un dos ». Il est vrai qu'en tant que chrétien il nous est recommandé de ne pas suivre la loi du talion, mais qui peut connaitre sa réaction quand ses enfants sont menacés directement ? Je me demande encore si l'étudiant avec le bandage a appris quelque chose de cette expérience ?

Nouvel An à Korora

La rébellion des étudiants n'avait en fait qu'interrompu plusieurs routines qui s'étaient installées. Je continuais à enseigner quelques cours, mais j'étais devenu un « pro » puisque j'avais un an d'expérience derrière moi ! La quête de nourriture pour les élèves se poursuivait, je continuais à faire la distinction entre les notes de crédit rose et celles de débit bleu, et c'est ainsi que les vacances de fin d'année sont arrivées.

Pour nous changer les idées, nous avons accepté l'invitation d'aller en expédition avec les Kurtz. À cette époque, ils étaient les seuls missionnaires, avec les Christiansen, qui possédaient une voiture privée, une Renault R4. Ils nous ont amenés à Korora, au

Rwanda, qui était un camp de jeunesse situé sur les bords du lac Kivu.

Deux choses se sont passées et ont rendu cette expédition mémorable. Comme nos vacances ne devaient durer que deux ou trois jours, nous avions pris le minimum de vêtements nécessaires : nous étions quatre adultes dans la voiture en plus de deux enfants et un bébé !

Ce fut notre première expérience d'un voyage typiquement africain, que ce soit en avion, en car ou en train, où il n'est pas inhabituel d'être coincé entre une Mama et ses chèvres ou les poulets d'un voyageur assis sur le siège d'à côté. Si vous ne vous rappelez pas ce qu'est une Renault R4 je peux vous assurer que son coffre est petit, et pas du tout prévu pour six personnes ! La seule différence est qu'il n'y avait pas d'animaux avec nous, mais l'empilage était similaire.

Korora était une jolie propriété avec plusieurs bungalows. Nous y avons rencontré d'autres missionnaires travaillant au Rwanda, la plupart dans notre école de Gitwe. Les bungalows contenaient le minimum vital et étaient assez petits. En entrant, nous avons laissé nos chaussures à l'extérieur pour ne pas salir les lieux.

Le lendemain de notre arrivée, je me suis payé le luxe d'une petite sieste pour récupérer de mes péripéties précédentes. En sortant de la case je cherche mes chaussures…et je les cherche toujours ! Elles avaient disparu. J'ai été contraint d'emprunter une paire de sandales à Lauren Kurtz pour le reste du voyage.

La même chose est arrivée à Elton Wallace sur le campus de Lukanga. Un jour il cherchait une paire de chaussures dans sa maison, mais ne pouvait pas la retrouver. Au bout d'un moment il demanda à son boy[7] s'il les avait prises. Sa réponse fut claire et sans détour :

« Oui, pasteur »

---

[7] Etudiant qui en échange de ses frais d'écolage aidait à l'entretien du jardin et aux tâches ménagères.

« Mais, pourquoi les as-tu prises ? »

« Parce que j'en ai besoin, pasteur. Vous non. Vous avez douze paires et je n'en ai aucune. Dans vos cours vous n'arrêtez pas de parler de l'amour de Dieu et de l'amour que nous devons nous manifester les uns pour les autres. Alors je me suis dit que cela ne vous dérangerait pas. »

Elton a dû aller voir dans son armoire pour vérifier ses dires, mais c'était vrai : il avait douze paires de chaussures, onze maintenant, et il ne s'en était jamais rendu compte. Que pouvait-il dire ? En plus de cela, il était le directeur du séminaire qu'il était en train de construire et où, son boy étudiait !

En fait, nous avons découvert qu'en Afrique rien n'est jamais vraiment volé, cela est simplement *déplacé.* L'étudiant avait juste *déplacé* les chaussures d'Elton dans sa propre chambre. Ce n'était pas la peine d'en faire tout un plat !

Le second évènement mémorable s'est produit pendant la deuxième nuit alors que nous nous détendions au bord du lac. Le ciel fut illuminé par le volcan Nyiaragongo, qui venait juste d'entrer en éruption de l'autre côté du lac. Nous apprendrons plus tard que c'était l'un des volcans les plus dangereux de la planète. Ses coulées de lave peuvent atteindre les cent kilomètres à l'heure. Sachant que le volcan en question n'était situé qu'à vingt kilomètres de Goma, la question importante pour nous était la suivante : la lave avait-t-elle recouvert la route que nous devions emprunter pour retourner à Lukanga ? Comme vous devez maintenant le savoir, le nombre de routes utilisables dans cette partie du monde est très limité. Le seul moyen pour nous de le découvrir était de partir le lendemain matin et de vérifier par nous-mêmes. Fort heureusement, la route était toujours carrossable et nous sommes arrivés en sécurité à Lukanga. Cela n'a pas duré très longtemps, vu que quelques jours plus tard la route avait disparu sous la lave, ce qui a rendu notre expérience suivante encore plus « intéressante ».

Permutation

Je ne sais pas si c'était la rébellion des étudiants ou mes prouesses en comptabilité qui ont déclenché à l'Union l'idée d'un changement de direction dans nos écoles. Mais un matin de janvier, l'Union a décidé d'appeler Dick Roos, directeur du lycée de Songa, à venir à Lukanga. Et, après avoir sollicité Lauren Kurtz - qui a refusé-, ils m'ont demandé de descendre à Songa, pour devenir le directeur de toute la station missionnaire. Une permutation de direction entre les deux institutions !

Depuis l'éruption du Nyiaragongo qui avait coupé la route principale, il ne nous restait plus qu'à expédier par avion nos affaires entre ces deux stations qui étaient à onze cents kilomètres de distance. Vous vous souvenez quand nous avions reçu notre caisse ? Il y avait à peine six mois que nous étions en possession de tous nos biens terrestres, après avoir attendu huit mois pour qu'ils arrivent à Lukanga ! Sans le savoir nous étions embarqués à nouveau dans le même genre d'expérience.

À l'époque il y avait trois avions missionnaires. On nous assura que chaque vol allant vers le sud serait chargé de nos affaires jusqu'à ce qu'elles soient toutes arrivées à destination. Et que ceux remontant vers le Nord seraient chargés des affaires des Roos. Cela pourrait sembler assez simple pour un couple, mais avec deux enfants, nous avions un peu plus de choses à déplacer que les Roos. En plus, cela n'est jamais aussi simple qu'on le croit en mission. Il y avait toujours des urgences plus importantes que nos affaires. Bref, elles partaient selon l'occasion du moment : quand il y avait de la place et quand les pilotes n'oubliaient pas de les prendre. Le fait est que dix-huit mois plus tard, notre déménagement n'était toujours pas terminé et nous n'avons jamais revu certaines affaires.

Songa

Songa est l'une de ces stations perdues au milieu de nulle part. Sur une vieille carte du Congo Belge qui était épinglée au mur de l'école secondaire, Songa était mentionné comme les villages aux alentours. Il faut dire que c'était le seul hôpital digne de ce nom (il avait une centaine de lits), à des centaines de kilomètres à la ronde. Et les villages aux alentours étaient assez peuplés pour figurer sur la carte. Depuis, comme c'est le cas dans la majorité des villages par le monde, ceux-ci se sont dépeuplés. Les jeunes partent vers les villes pour trouver éducation, travail et meilleures conditions de vie. Seules les personnes âgées restent au village. Si le besoin d'un hôpital faisait sens au début du XXè siècle...à présent il nous fallait aller chercher les patients soit à la gare ferroviaire la plus proche qui se trouvait à plus de quinze kilomètres, soit même à la ville la plus proche, Kamina, qui elle se trouvait à plus de quatre-vingts kilomètres. Cela n'est pas impossible quand vous avez des véhicules adéquats, et du carburant disponible. Mais il est arrivé peu après notre arrivée, que le seul véhicule qui fonctionnât était le tracteur de la Mission. Pendant un certain temps, avec la remorque qu'il tirait, ce fut le seul moyen de transport !

Quelque temps plus tard le groupe électrogène nous lâcha. Il fallut exercer notre patience pendant quelques semaines, le temps que l'Union en fasse venir un d'Afrique du Sud. Sans électricité, les médecins de l'hôpital ne pouvaient opérer qu'à la lumière du jour avec les instruments que nos épouses stérilisaient dans les fours à bois, sur lesquels elles cuisinaient quotidiennement.

Une partie de la famille missionnaire à Songa. Sr. Evert, Eileen avec nos deux enfants, Dr. Suzelle Vieilledent, une infirmière volontaire venant des États-Unis, Monica une infirmière venant des Barbades, Sr. Rohee et Dr. Rohee.

Au cours des années une maternité avait été rajoutée à l'hôpital et, afin de s'occuper des enfants des employés, une école primaire, suivie d'une école secondaire et enfin d'une école d'infirmières. C'est le Dr Rouhe qui avait créé l'école d'infirmières dans les années 1940 et, retraité, il était venu nous aider pendant quelques mois car il n'y avait pas d'autres chirurgiens disponibles à l'époque.

Cela voulait dire qu'en fait il y avait quatre institutions sur la Mission avec tout le personnel que cela implique. Tous dépendant du tracteur pour circuler hors de la mission !

Une blessure : deux patients

À Songa, il n'y avait que deux sortes de divertissements : la petite rivière en bas de la route et le volleyball.

La rivière était notre premier choix les dimanches, quand tous les missionnaires descendaient avec leurs enfants pour passer la journée à l'ombre et faire un pique-nique au bord de l'eau.

À la rivière, on pouvait faire trois choses. La première était bien sûr le pique-nique et c'était l'affaire des femmes. Mais ce qui nous attirait nous, les

hommes et nos garçons, c'était de remonter la rivière à pied pendant une bonne distance puis de se laisser flotter sur une chambre à air en guise de bouée jusqu'en bas. C'était assez plaisant. Il fallait faire

attention à bien rester au centre du courant pour ne pas être griffé par les branches des deux côtés de la sinueuse rivière. J'appréciais cette activité jusqu'au jour où, pendant que je flottais dans le courant, je remarquai un long serpent de plus de deux mètres de long qui se laissait glisser le long d'un arbre, et sans hésitation se coula dans la rivière. Apparemment, il était inoffensif, mais j'ai préféré ne pas en parler aux femmes pour éviter une panique générale.

Les courageux grimpaient aux arbres sur le côté de la rivière et sautaient dans l'eau au pied de la cascade. Dr. Rouhe, était assez audacieux pour le faire. Tous les parents avaient du mal à dire aux jeunes garçons que ce n'était pas une bonne idée, pour ne pas offenser le docteur !

En ce qui concerne les parties de volleyball, elles se jouaient pratiquement tous les jours à la fin de la journée et avant le coucher du soleil. Tout le monde pouvait y participer : enseignants, personnel soignant et missionnaires. Comme c'était le seul divertissement de la journée, (souvenez-vous, pas de télévision à l'époque), pendant que certains jouaient, les autres regardaient et soutenaient soit une équipe soit un joueur. Notre fils, Jean-Philippe, s'était assis sous un manguier pour regarder le match.

Malheureusement, c'était une mauvaise période pour s'assoir là : les mangues étaient mûres et tentaient certains enfants. Comme ils étaient trop petits pour grimper aux arbres, ils jetaient des pierres, ou dans ce cas des bouts de briques, pour faire tomber les mangues. Je ne me souviens pas s'ils ont eu beaucoup de mangues. Ce dont je me souviens c'est que Jean-Philippe était à l'autre bout d'un lancer de brique et qu'il en reçut une sur la tête !

C'était une plaie assez grande pour qu'elle ait eu besoin de points de sutures. Mais c'était une période où nous n'avions pas d'électricité et il faisait déjà trop sombre : nous avons donc dû attendre le lendemain pour nous en occuper. Nous avons réussi à arrêter le saignement avec un gros bandage autour de sa tête et le matin suivant Dr. Rouhe l'attendait au bloc opératoire.

Comme je l'ai dit précédemment, il avait soixante-dix ans, mais ce que je n'ai pas encore dit c'est qu'il avait un début de Parkinson. Jean-Philippe était prêt à se faire soigner sans anesthésie locale, ce dont l'hôpital ne disposait pas à cette époque. Pour autant, quand Eileen a vu l'aiguille dans les mains tremblantes du docteur qui s'approchait de la tête de notre fils, elle s'est évanouie. Au lieu d'un patient, l'hôpital en a eu deux à traiter ce matin-là !

Je me souviens d'un autre moment mémorable concernant un patient qui avait une blessure à la colonne vertébrale. Il avait été transporté sur un vélo depuis Kisangani. Je ne sais pas comment ils ont fait pour pédaler mille huit cent cinquante kilomètres. Cela leur a pris des mois pour arriver.

Mais après un si long trajet avec une telle blessure le chirurgien n'a pu que confirmer qu'il ne pouvait rien faire pour l'aider car l'hôpital n'était pas équipé pour des soins orthopédiques.
Les médecins n'ont pu que soulager ses souffrances et n'étaient pas optimistes quand sa situation empira. Grâce aux docteurs et aux soins bienveillants que les infirmières lui prodiguaient tous les jours, il donna son cœur à Jésus et fut baptisé dans la rivière quelques jours avant qu'il ne meure.

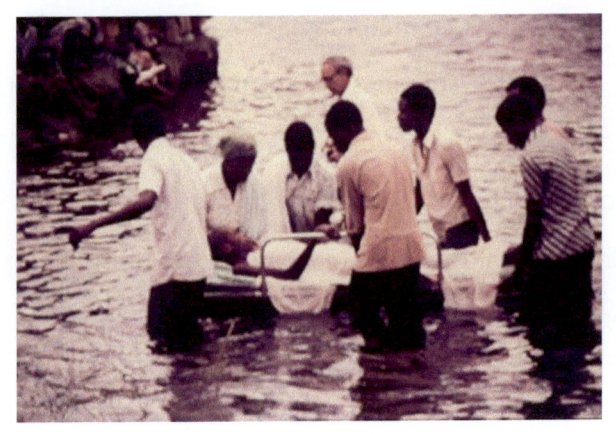

Vacances inattendues à Lusaka

Comme je l'ai mentionné, le seul lien avec le monde extérieur était la radio à ondes courtes, les nouvelles venant de l'Union à 6 h du matin. L'Union nous annonçait principalement les départs et arrivées des trois avions utilisés pour le transport personnel dans un territoire immense. C'était par ce moyen de communication que j'avais été appelé à servir pour être *Préfet ad intérim*, et ensuite à partir à Songa.

Mais le 11 mai 1978, on nous apprit que des rebelles congolais avaient pénétré au Zaïre par la frontière sud, celle qui bordait l'Angola, dans la région de Kolwezi. Ils étaient appelés les « Katangais » selon le nom de la région qu'ils avaient dû quitter vingt ans auparavant, après la prise de pouvoir de Mobutu. Ils s'étaient réfugiés en Angola depuis lors. Mais, l'Angola devenue indépendante du Portugal en 1975, les deux leaders des partis concurrents, Savimbi et Neto, ont commencé une guerre qui allait durer vingt-sept ans. Dans cette confusion générale, il était facile pour les Katangais de trouver des armes et commencer leur propre guerre contre le président Mobutu qui les avaient expulsés.

Maintenant ils entraient au Zaïre depuis la région minière : le poumon financier du pays où des centaines d'expatriés travaillaient aux mines. Dans une attaque surprise, le 19 mai 1978, soixante-dix expatriés et des centaines d'africains se sont fait tuer. Kolwezi était à cent cinquante kilomètres, sur la seule route qui conduisait à la capitale régionale Lubumbashi.

Pour les dirigeants de l'Union, il n'y avait pas de doute que Songa était la prochaine cible des Katangais quand ils allaient monter au nord à Kamina, où se trouvait la seule base militaire avec un aéroport. Et vu que cette guerre engendrait beaucoup de blessés, on soupçonnait que les rebelles allaient avoir besoin d'aide médicale. Songa était le seul hôpital fonctionnel à l'époque à détenir des médicaments et où se trouvaient des chirurgiens.

Mais ce n'est qu'un mois après, le vingt-sept juin 1978, que l'Union, finalement, nous prévint par radio que l'évacuation de la station missionnaire avait été décidée. Chaque famille devait préparer une valise et être prête à partir. Essayez de vous mettre à notre place et de décider ce que vous devez prendre avec vous si vous devez partir définitivement de chez vous et mettre ce qui vous est le plus cher dans une valise ! Vous allez bientôt réaliser que la majorité des choses matérielles que vous détenez…vous pouvez vivre sans, sauf…les photos de famille qui sont irremplaçables. Une autre décision que j'ai dû prendre au vol : à qui devais-je donner les clés de l'école avec son coffre-fort, et les clés des maisons des missionnaires ?

Or le massacre de Kolwezi avait déclenché « l'opération Kolwezi » dirigée par les parachutistes belges et français pour protéger et évacuer les expatriés de ce champ de mort.

Nous nous sommes rendus sur le tarmac de l'aéroport de Kamina. Un avion de l'armée belge nous attendait. Il nous a amenés à Lubumbashi où plusieurs véhicules de l'Union nous attendaient pour nous conduire à Lusaka.

Nous avons utilisé les chambres de visite de l'Union : une famille par chambre. En attendant, rien de sérieux n'est arrivé à Songa et un mois plus tard nous devions y retourner… pour redemander nos clés ! Miraculeusement rien n'avait été touché, tout était exactement comme nous l'avions laissé un mois auparavant. Ce simple fait est déjà un miracle à part entière, surtout dans un pays où tout se *déplaçait* si facilement !

Visite au milieu de la brousse

Bob Lemon, oui, le même qui m'avait donné mes premiers cours de comptabilité à Lukanga, a toujours pris son travail très au sérieux.

Un matin, on nous annonça à la radio qu'il avait prévu de venir à Songa. Aucune date spécifique ne nous avait été donnée, et on nous a dit que Bob Lemon s'occuperait de ses propres moyens de transport depuis Lubumbashi jusqu'à Songa ! Nous nous demandions ce que cela voulait dire car tous les missionnaires et les officiels de l'Union voyageaient par avion ! Il est vrai que Bob était né au Zaïre de parents missionnaires. Il parlait Kiswahili et se débrouillait bien en français. Finalement, il prit le train de Lubumbashi jusqu'à Kamina et conduisit les quatre-vingts kilomètres restant sur un vélo qu'il avait emprunté, sur une route en terre battue avec sa valise sur le porte-bagages...à l'africaine ! En plus de cela, l'axe du pédalier était usé et à chaque tour de pédale son pied droit faisait un quart de tour supplémentaire. Pas besoin de dire que quand il est arrivé à Songa il était complètement exténué. Une heure apes nous avions une inondation dans la maison, Bob s'était endormi dans le bain avec le robinet ouvert !

Coup de boule

Nous avons, d'une manière ou d'une autre, réussi à finir l'année scolaire et le jour est arrivé où, en tant que préfet, je devais distribuer les certificats scolaires aux étudiants. C'est sur la véranda de notre maison que la distribution eut lieu. Tout allait pour le mieux quand, un étudiant qui avait complètement raté son année, m'a remercié en me mettant un coup de tête en plein nez… sous le regard surpris des autres élèves qui se demandaient si après cela, ils allaient eux recevoir leurs certificats ! Il m'a fallu dix minutes pour nettoyer le sang qui coulait de mon nez cassé : j'y ai mis un morceau de coton, changé ma chemise et ai fini la cérémonie. Devinez quel était le sujet de discussion sur la radio le matin suivant ?

Manie Harcombe, le trésorier de l'Union, arrangea ensuite une évacuation jusqu'à

Johannesburg pour que mon nez soit remis en place à l'hôpital. En fait, ce ne fut que trois semaines plus tard que l'on m'a fait voler jusqu'à Lubumbashi d'où le comptable de l'Union, Leif, qui était Sud-Africain, m'a conduit jusqu'à Johannesburg. C'était un trajet de pas loin de deux-mille kilomètres qui nous prit trois longues journées. Si nous avions dû aller à Kinshasa par la route, pour une distance équivalente, nous en aurions eu pour un mois… en supposant que nous ayons pu trouver la route sur laquelle rouler !

C'est grâce à la clairvoyance et l'ingéniosité des anciens colons anglais que nous avons réussi à couvrir la distance en trois jours.

On doit réaliser qu'à la même époque l'Angleterre avait seulement aux alentours de dix-mille personnes pour développer les infrastructures du sous-continent indien : c'était un grand accomplissement à cette époque !

En allant vers le Sud, vu que nous ne passions pas loin de là, nous avons eu le privilège de voir les majestueuses chutes de Victoria. C'était une petite consolation comparée au diagnostic du docteur quand je suis arrivé à l'hôpital : il devait recasser mon nez. Il s'était mal ressoudé, depuis sa rencontre avec la tête de l'élève !

À bientôt ou Adieu ?

Nous venions de terminer notre troisième année en mission. Le temps était venu de bénéficier d'un congé en Europe. Nous étions plutôt privilégiés vu qu'auparavant, les congés au pays n'étaient accordés que tous les six ans ! Nous n'avions même pas l'idée qu'un missionnaire puisse aller en permission chaque année comme c'est le cas aujourd'hui.

Nonobstant la situation politique au Zaïre, cela faisait huit mois que nous étions partis du Lukanga et nous attendions toujours une partie de nos affaires. Les avions missionnaires étaient toujours trop pleins pour les amener, et nous commencions à nous demander si nous les reverrions un jour. Avant notre départ, j'écrivis une lettre à notre Union pour leur demander de prendre soin de nos affaires pendant nos deux mois de congés. Je pensais que cela laissait suffisamment de temps vu que pendant les vacances d'été les avions missionnaires étaient plus disponibles. Je n'ai jamais reçu de réponse !

Pendant notre congé, nous devions faire deux pèlerinages. Le premier était pour faire un bilan médical de trois jours sur les bords du lac Léman à la clinique La Lignière, en Suisse, un moment de vrai repos. Le second était un voyage à Berne, aussi en Suisse, pour rendre visite à nos chefs à la Division. C'était également une sorte d'examen, mais pas médical celui-là. Frère Jean Zurcher, l'ancien directeur du Campus de Collonges qui m'avait baptisé en 1962, était secrétaire de notre Division Euro-Africaine. Quant à Frère Edwin Ludesher, je l'avais rencontré quand il était le président de l'Union Centre-Afrique à Yaoundé (Cameroun), il était maintenant président de notre Division. J'avais passé une année en 1968 comme le premier volontaire d'un nouveau programme que l'Église venait de commencer : « Le Service Volontaire

Adventiste ». J'ai servi ainsi un an pour construire des églises et des bureaux.

Donc, nous étions entre amis. Ils voulaient savoir comment les choses allaient dans ces territoires qu'ils ne connaissaient pas, vu qu'ils ne faisaient pas partie de leur Division. Je leur ai relaté une partie de nos aventures et surtout le fait qu'après huit mois d'attente la totalité de nos affaires n'étaient toujours pas arrivées. J'ai mentionné la lettre que j'avais écrite aux officiers de l'Union et dis que j'étais prêt à partir quelque part ailleurs si je n'avais pas de réponse à la fin du mois. Ils ont exprimé beaucoup de sympathie à notre égard. Ils m'ont demandé de les tenir au courant tout en me rassurant sur le fait qu'il y avait toujours la possibilité pour nous de retourner en Afrique mais dans les territoires de notre Division qui, à l'époque couvrait les pays africains suivants : Le Cameroun, le Tchad, la Centre-Afrique, le Gabon, la Guinée Equatoriale, le Congo, l'Angola et le Mozambique.

Le mois est passé et à la fin de l'été, n'ayant reçu aucune réponse de l'Union, je leur ai écrit que nous ne retournerions pas à Songa.

La Division Euro-Africaine m'a alors offert un poste en tant que Trésorier au Séminaire de Nanga-Eboko au Cameroun pour la première année. Pour la suite ils avaient d'autres plans pour moi que je découvrirai plus tard.

Je suis donc retourné seul à Songa, pour vendre et donner quelques affaires que nous avions, et envoyer les affaires essentielles que nous voulions garder à Yaoundé.

Les points bleus sont les lieux où nous avons habités. Les rouges ceux que j'ai visités en mission.

Nanga-Eboko

Nous sommes arrivés à Yaoundé fin décembre 1978. A deux mois près il y avait dix ans que j'y étais venu en tant que volontaire.

Cette fois nous avions un comité d'accueil à l'aéroport pour nous conduire à la case de passage de la mission. C'était frère Aimé Cosandai, un des premiers missionnaires au Cameroun où il a passé toute sa vie, et plus tard toute sa retraite. Mais nous avons été un peu déçus quand il nous a annoncé le jour suivant, que notre voyage jusqu'à Nanga-Eboko, cent-trente kilomètres plus loin, devait se faire par train ! Avec nos deux enfants ! Ça nous a un peu refroidis dès cette première rencontre. Nous nous demandions quelles autres surprises nous attendaient. Il est vrai que notre cher Aimé, qui avait occupé toutes les responsabilités au sein de l'Union locale, commençait à avoir un peu la tête en l'air. Lors d'un précèdent voyage à Nanga-Eboko où il était allé tenir des réunions avec son épouse, il était reparti seul vers Yaoundé. Il avait tout simplement oublié sa femme ! Peut-être les dirigeants de l'Union ne tenaient-ils pas à renouveler l'expérience avec nous dans l'autre sens ?

Marcel Fernandez, un camarade de Collonges, était le directeur de l'école et nous attendait à la gare. C'était sympa ! Vu qu'il était 19 h passées, il faisait nuit, il nous conduisit directement chez lui où nous fûmes surpris de rencontrer toute la famille des missionnaires, qui nous attendait. Un repas était prévu que nous avons partagé tous ensemble. Mise à part la famille Fernandez, ce n'étaient que des nouveaux visages. Plusieurs jeunes hommes qui faisaient leurs deux ans de service civil comme professeurs de lycée, quelques infirmières qui prenaient soin du dispensaire et trois professeurs de théologie du Séminaire. Mais le plus mémorable était le responsable de l'entretien, Jacques Ritlewski, qui était le clown du groupe. Sa femme

Babette était la comptable du lycée. Un lien à vie venait de se créer ce soir-là entre nous. Ils sont devenus plus proches pour moi que mes propres frères et sœurs.

En ce qui concerne la maison où nous devions habiter, nous avions l'impression d'être de retour au Zaïre quand les Ayers[8] s'attendaient à une nouvelle maison à leur arrivée. Avant notre départ on nous avait également dit que nous allions vivre dans une nouvelle maison... Elle n'était pas finie, même si elle, au moins, avait déjà des murs. Nous allions rester dans la case de passage pour quelques semaines avant de pouvoir nous installer à l'intérieur. Lorsque nous y avons emménagé, la cuisine n'était pas finie, et Eileen a cuisiné dans le garage pendant quelques semaines.

Jean-Philippe venait d'avoir huit ans et il était plus que temps qu'il commence à étudier. L'année précédente nous l'avions inscrit à Home Study International, notre école par correspondance. Le seul

---

[8] Voir page 45

problème est que nous n'avons jamais reçu les cours ! C'est pour cela, qu'une année plus tard, pendant que nous attendions nos visas de travail pour le Cameroun, nous l'avons inscrit au C.N.E.D. un programme de cours par correspondance du Ministère de l'Éducation Nationale Française. Nous n'avions travaillé qu'avec des missionnaires américains jusqu'à présent et le français d'Eileen ne s'étant pas trop amélioré pendant ces trois dernières années, nous avons alors opté d'engager un étudiant en théologie pour aider Jean-Philippe avec ses leçons. Nous découvrirons plus tard qu'il l'aidait tellement que c'est lui qui lui faisait ses devoirs avant qu'ils soient envoyés en France !

Douala

Avant de partir d'Europe, on m'avait averti que le poste à Nanga-Eboko était seulement temporaire. C'était dommage car nous avons beaucoup aimé Nanga, et aurions pu finir le reste de notre service à cet endroit. Ce que nos chers frères de la Division avaient en tête était de nous envoyer à Douala où je devais servir en tant que Secrétaire-Trésorier de la Mission locale. La Division avait décidé qu'il était temps d'africaniser la direction de l'Église, et Jean-Claude Mongo venait d'être élu par le comité d'Union comme le premier président camerounais de la Fédération de l'Ouest du Cameroun.

Le seul problème était qu'il n'y avait qu'une seule maison appartenant à l'Église à Douala. Elle avait été utilisée par les anciens missionnaires précédents.

La Division a décidé que nous utiliserions cette maison. Comme vous pouvez l'imaginer, le nouveau président n'était pas heureux d'apprendre cette nouvelle. Nous allions louer une maison pour lui, pendant que j'en faisais construire une nouvelle derrière l'Église, sur le même campus. C'est sûr que c'était une nouvelle maison, mais le prestige était dans l'ancienne. Nous avons toujours ressenti de la tension à ce sujet.

Nous avons passé cinq ans à Douala, pendant lesquels j'ai hérité des départements de l'économat chrétien et de la santé, en plus de mon rôle de secrétaire-trésorier. Vous vous souvenez de ce que j'avais expliqué sur l'armée française et sur le nombre de casquettes ?

Nous avions également à gérer un lycée à Kribi et un dispensaire à Buéa, où vivait un couple de missionnaires, Hans et Sylvie Obenhaus. Elle était infirmière et prenait soin du dispensaire dont les revenus nous ont permis de construire trois églises pendant cette période (Bamenda, Edéa et Douala Bassa).

En fait ce n'est que récemment, en triant mes archives africaines, que j'ai réalisé que j'étais devenu de facto l'architecte de l'Union, avec des plans pour la nouvelle cafétéria de Nanga-Eboko, une maison d'habitation pour Libreville, des bureaux et pharmacie à Koza, une chapelle à Bertoua, un centre de P.M.I. à Bambari, et L'École Primaire de New-Bell. Certains lieux où je n'avais jamais mis les pieds.

Hans était responsable de toute la partie anglophone du Cameroun. J'avais l'habitude d'aller toutes les semaines à Buéa pour faire l'inventaire et stocker les médicaments, vu que le dispensaire servait à la communauté mais aussi, était la pharmacie locale.

Eileen faisait tourner la librairie à Douala qui fournissait les livres à une bonne demi-douzaine de colporteurs très actifs. En plus elle s'occupait des salaires de la Fédération. Pour tout dire nous n'étions vraiment pas au chômage.

Pour la première fois, Jean-Philippe et Sandrine pouvaient être scolarisés régulièrement dans une vraie école française.

Si nous avions des visiteurs au Zaïre et à Nanga-Eboko, nous allions découvrir qu'être les seuls missionnaires à Douala s'accompagnait de la gestion d'une maison d'hôte [9], en plus de la routine quotidienne. Douala était à l'époque, la seule ville du pays ayant un aéroport international. Cela voulait dire que tous les visiteurs venant ou allant vers l'étranger, transitaient par Douala. Nous avions une chambre d'ami qui était rarement vacante. Notre hospitalité était bien connue, même à l'extérieur de l'Église. Il est arrivé plusieurs fois de recevoir des touristes qui voyageaient en moto ou en Land Rover et qui demandaient la permission de planter leur tente dans notre jardin, et ils finissaient dans une chambre

---

[9] Nous sommes arrivés à Douala le 28 juin 1979. L'agenda d'Eileen mentionne 82 repas servis et 25 nuitées, pour ce semestre.

gratuitement. Pourquoi ? Seulement parce qu'ils demandaient aux habitants locaux où trouver un endroit pas trop cher pour la nuit, et généralement ils atterrissaient à la Mission adventiste, vu qu'on leur disait « ils vous recevront ». Il est même arrivé que des touristes qui ne savaient pas où aller reçoivent notre adresse d'un employé de l'aéroport. Du coup, Eileen cuisinait beaucoup autant pour les frères que pour des inconnus de passage. Nos enfants avaient l'habitude de laisser leurs lits pour ces visiteurs inattendus.

À cette époque Roy Terretta dirigeait le département de publication de l'Union. Voulant développer ses activités dans la partie anglophone, il pensa que ce serait une excellente idée d'inviter des étudiants nigériens pour qu'ils aient la chance de gagner leur scolarité en vendant des livres durant les vacances d'été. Et cela pourrait également encourager les étudiants camerounais francophones à faire de même. Un jour, il nous prévint que trente élèves allaient arriver à Douala. Le jour de leur arrivée, Eileen et quelques femmes de l'église préparèrent de la nourriture pour tout le groupe. Vous savez combien de nourriture il faut pour nourrir trente jeunes hommes ? Beaucoup ! Et le jour venu, alors que toute la nourriture était prête...un message nous est parvenu que leur arrivée était retardée ! Ils n'arriveraient pas ce jour-là, sans aucune autre précision ! En Afrique, surtout à Douala où la température moyenne est rarement en dessous de 25°, à moins que vous ayez un énorme frigo, ce que nous n'avions pas, il est impossible de garder de la nourriture très longtemps. Eileen a donné toute la nourriture aux sœurs qui l'avaient aidée. Elles étaient plutôt contentes de leur journée de travail !

Mais, le vendredi après-midi suivant, juste avant le coucher du soleil, un coup de sonnette à la porte nous fit découvrir, surprise, surprise, nos trente élèves qui s'attendaient à un bon repas ! Le seul problème est qu'il n'y avait rien de prêt ! Que faire ? Eileen les a fait entrer et après des coups de téléphones désespérés, plusieurs sœurs sont venues pour l'aider à préparer le repas de ces jeunes affamés. Heureusement que nous avions assez d'ingrédients en réserve.

Nous avons aimé notre période à Douala, mais en tant que missionnaires, nous étions seuls. Aussi fréquemment que possible, quand nous n'hébergions pas des voyageurs de tout genre, nous passions le week-end à Nanga-Eboko.

Congés en Europe

C'était supposé être un été parfait. C'étaient les vacances que nous avions planifiées pour en passer une partie entre nous. Précédemment, comme la plupart de nos amis missionnaires, nous passions nos congés dans notre famille proche. Mais vivre deux mois chez les autres en trainant nos valises avec deux enfants, cela n'était plus vraiment amusant après quelques jours. Pour la première fois, nous avons donc décidé que nous prendrions deux semaines pour visiter l'Irlande.

J'ai acheté une carte et un guide Michelin et avons fixé où nous irions et ce que nous verrions. Nous avons aussi décidé où nous n'irions pas : Belfast, vu qu'à ce moment-là c'était considéré comme un territoire en guerre. Une fois que la décision fut prise, pour nous, vivant sur l'équateur, au cœur de l'Afrique, l'Irlande était devenue un rêve. Les billets furent achetés, les réservations faites, et nous ne vivions plus que pour le moment de notre départ. Pour nos enfants, la fin de l'année scolaire ne venait pas assez vite.

Tout semblait parfait jusqu'au dimanche avant notre départ. Douala, il faut le souligner, est la deuxième ville la plus humide au monde, autour de 100% toute l'année, et une moyenne de 3,8 mètres de pluie par an. De plus vivre derrière l'église, près de l'ancien baptistère, il est clair qu'aucun de nos enfants n'avait besoin de beaucoup d'encouragement pour l'utiliser comme piscine.

En tant que parents, nous n'avions pas le baptistère pour nous distraire. C'était bien trop petit pour nous et nous devions nous occuper de la librairie. Cette routine a été brisée par l'une des requêtes d'Eileen. Elle m'avait demandé de réparer une pièce d'équipement dont nos amis missionnaires américains n'ont toujours pas découvert l'usage : un bidet. Nous l'utilisions pour l'évacuation de notre machine à laver. Or le bidet avait une fuite. Je l'ai démonté mais je n'avais pas le bon joint pour le réparer. Comme c'était dimanche, je l'ai donc mis contre le mur en attendant le jour suivant pour pouvoir acheter le joint manquant. Au-dessus du bidet, fixé au mur, se trouvait l'étendage à linge. Nous avions appris à nos enfants à ne pas laisser trainer leurs maillots de bain par terre mais à les y étendre.

Dans l'après-midi, après sa baignade quotidienne, Jean-Philippe, du haut de ses dix ans, bon garçon qu'il était, est allé étendre son maillot sur l'étendage. Comme d'habitude, il grimpa sur le bidet ne faisant pas attention que cette fois-ci, il n'était pas fixé au sol. Adieu nos vacances en Irlande ! Le bidet dérapa, bascula, Jean-Philippe tomba dessus, cassant la porcelaine en des milliers de morceaux et se coupant l'intérieur de la cuisse. Ce fut le cri de Sandrine qui nous fit courir à la salle de bain pour voir le sang de notre fils couler abondamment. L'ouverture devait faire cinq centimètres et l'artère était endommagée. J'ai pris une serviette de bain et mis une pression sur la plaie, je l'ai pris dans mes bras et l'ai couché sur le siège arrière de notre voiture, dans les bras d'Eileen, pour le conduire aussi vite que possible à l'hôpital et espérer trouver un chirurgien travaillant le dimanche après-midi en Afrique ! Nous savions que le temps était compté.

Mais sous le choc je ne savais pas où aller. Même s'il y avait une petite clinique pas loin de notre mission j'avais oublié son existence. Eileen, qui dans des circonstances normales, ne discerne pas la droite de la gauche quand elle conduit, me donnait les directions. Je lui demande de nous guider habituellement quand nous avons du temps devant nous et quand nous voulons visiter des endroits où nous ne sommes jamais allés ou que l'on n'avait jamais prévu de visiter. Mais ce jour-là, en faisant tout ce qu'elle pouvait pour maintenir la pression de cette plaie terrible, elle m'a dirigé miraculeusement …vers la dite clinique.

Comme c'était dimanche, seul un infirmier était à l'accueil, nous lui avons demandé qu'une civière soit immédiatement amenée à la voiture et qu'un chirurgien soit appelé d'urgence. Sa réponse fut celle d'un vrai fonctionnaire français : il fallait qu'il suive les procédures avant de pouvoir le faire ! Cela voulait dire que je devais relâcher la pression de la plaie de Jean-Philippe pour qu'il juge de lui-même de la gravité de la plaie…avec des conséquences simples à imaginer. J'ai commencé à lui crier dessus, en lui permettant à l'occasion d'enrichir son vocabulaire français, ce qui a attiré une autre infirmière qui est venue pour évaluer la situation. En un clin d'œil, elle a immédiatement appelé le chirurgien qui est arrivé quelques minutes plus tard. Jean-Philippe était blanc comme un linge quand il est entré au bloc opératoire. Après l'opération, le docteur nous a dit que cela avait été une question de minutes pour sa vie ou sa mort, nous aurions pu le perdre ! Il était sauvé mais comme ils n'avaient pas eu le temps de faire une analyse de sang, ils l'avaient transfusé avec ce qu'ils avaient sous la main !

Les mauvaises nouvelles étaient :

1. que le groupe sanguin qu'il avait reçu n'était pas le sien,

2. plusieurs nerfs dont le crural avait été sectionnés, il ne pourrait plus marcher correctement.

Nous avons remercié Dieu de lui avoir sauvé la vie mais en même temps restions très inquiets pour son avenir. Pas besoin de dire que nos belles vacances en Irlande étaient oubliées et que nous allions avoir besoin de consulter le meilleur neurochirurgien possible pour avoir un deuxième avis et voir si nous pouvions donner une chance à Jean-Philippe de remarcher normalement un jour.

Nos deux mois de vacances, nous les avons passés dans la famille en France. Peu importe, nous étions tellement heureux que notre fils soit parmi nous. Il avait besoin de béquilles pour marcher car il ne pouvait pas bouger sa jambe droite. Le spécialiste à Lyon avait une longue liste d'attente. Heureusement, grâce à une cousine travaillant au HUG (Hôpital Universitaire de Genève), nous avons réussi à prendre rendez-vous avec le meilleur professeur en neurochirurgie de Genève.

Après avoir fait plusieurs tests incluant une électromyographie pour tester l'activité de son système nerveux, il ne put que confirmer le verdict de son collègue de Douala, le nerf était coupé. Mais au contraire du premier docteur, il dit pouvoir effectuer une greffe avec une partie du nerf du bas de la jambe de Jean-Philippe. Nous étions si heureux d'apprendre qu'il y avait un remède pour sa situation !

Il devait couper un bout d'un nerf de Jean-Philippe quelque part ailleurs pour faire une greffe. C'est la seule procédure qu'il connaissait. Le chirurgien nous expliqua que les nerfs étaient comme des élastiques, quand on coupe un élastique étiré, les deux bouts se rétractent. Le processus de récupération à lui seul allait être long, vu que la sensibilité des nerfs revenait seulement au rythme d'un centimètre par an. Cela voulait dire que Jean-Philippe allait récupérer... au bout de quelques années.

Mais avant de faire la greffe nerveuse, une autre devait avoir lieu. En effet, le chirurgien à Douala avait mis un grand adhésif par-dessus la plaie de notre fils ; un large hématome s'était développé, créant une poche d'eau qui fut arrachée lorsque le pansement fut retiré. Une greffe de la peau devait être pratiquée pour nettoyer la plaie avant que celle du nerf puisse avoir lieu. L'intervention eu lieu le jour suivant et nous avons dû attendre quelques semaines que la plaie cicatrise pour pouvoir programmer l'intervention sur le nerf. Tous les membres de l'église de Thonon, notre église locale, priaient pour lui.

En septembre, quand la greffe du nerf a été planifiée, nous avons amené Jean-Philippe à l'hôpital de Genève avant le jour J. Notre fils était un cas unique : lors de la visite médicale, le chirurgien a présenté le cas à ses internes. Il leur a montré les résultats de l'électromyogramme, a demandé à Jean-Philippe d'essayer de bouger ses orteils pour montrer à ses élèves qu'il n'y avait pas de réponse du système nerveux. Or, les orteils ont bougé ! Le chirurgien ne pouvait pas l'expliquer et devant ses élèves il a simplement dit « seul le Saint Esprit a pu faire cela !». L'opération a été annulée pour laisser place à la rééducation naturelle. Nous devions attendre une année pour une visite de contrôle. Et même si nous pouvions penser que Dieu avait pris son temps… le miracle a été confirmé. Le chirurgien n'a jamais pu expliquer rationnellement comment Jean-Philippe avait réussi à regagner le contrôle de sa jambe droite sans la greffe.

Le chirurgien, sachant que nous étions missionnaires, ne nous a rien fait payer. Il nous avait expliqué que nous avions assez payé en billets d'avion pour l'amener à Genève. C'était clairement un miracle et un témoignage formidable pour le docteur et ses internes.

Vous ne croyez toujours pas aux miracles ?

Déménagement

Déménager fait partie de la vie d'un pasteur. Vous savez combien de fois vous avez déménagé dans votre vie ? Moi je sais : neuf fois pendant mon ministère, sept fois avant et après. Mais comme nous faisons partie du *Mouvement* Adventiste, il est presque normal que déménager fasse partie de nos gènes.

À Nanga-Eboko nous avions fait la connaissance de Karl Johnson qui y était professeur de théologie à l'école. Son père, également pasteur, lui avait dit qu'il y a trois choses pour lesquelles un pasteur doit toujours être prêt :

1. Prêcher
2. Déménager
3. Mourir.

Je peux témoigner des deux premières et j'attends la troisième !

Je venais d'être nommé Trésorier-Adjoint à l'Union et nous devions déménager de Douala à Yaoundé. Pour ce faire nous avions envoyé nos enfants à Nanga-Eboko quelques jours avant, pour avoir le champ libre pendant le déménagement.

Le camion était plein, nous l'avons envoyé en avance et devions le rattraper le jour suivant en voiture. Nous avons passé la nuit précédente dans la case de passage de la Procure. Nous avions utilisé cette route plusieurs fois auparavant. Pendant la saison des pluies, il fallait cinq heures sur cette route de terre battue pour arriver à Yaoundé. Mais nous avions de la chance elle venait d'être goudronnée.

Elle n'était pas très longue (185 km) mais c'était la route la plus importante du pays parce qu'elle reliait le seul port du pays, Douala, la capitale économique. Le goudronnage de cette route avait été payé trois fois par le gouvernement français, qui commettait toujours la même erreur : donner l'argent au gouvernement camerounais pour qu'il effectue les travaux. Avec le même résultat : l'argent s'évaporait et la route était toujours dans le même état. La quatrième fois (qui disait que le gouvernement français est lent à apprendre ?) ils ont commissionné une compagnie pour effectuer le travail et l'ont payée directement.

Nous avions une nouvelle route goudronnée ! Nous avons pris notre temps en commençant la journée par un bon petit déjeuner puis vers neuf heures du matin, nous avons pris la route. Nous avions envoyé nos enfants en avance pour avoir la maison à nous au moment d'emballer nos affaires.

Peu avant midi nous avons atteint la banlieue de Yaoundé, où le peu de circulation nous étonna un peu. Quand tout à coup la voiture devant nous fit une embardée brutale pour s'arrêter sur le côté de la route. Sur le coup j'ai hoché la tête en pensant que cela devait être un de ces fameux chauffeurs de taxis qui avait dû *négocier* son permis au coin d'une rue. Mais soudainement nous avons entendu un bruit que nous n'avions encore jamais entendu. La voiture frémit et quelqu'un nous fit signe. Nous étions dans la banlieue et un soldat en uniforme que nous n'avions pas vu, avait sa mitraillette à la main et se cachait derrière un arbre. Ses signes étaient très clairs : il fallait que nous dégagions la route au plus vite. Je pensais en toute honnêteté que l'armée avait décidé de faire un exercice le jour de notre déménagement ! Ensuite, nous avons réalisé qu'il y avait de nombreux soldats dissimilés un peu partout. Je pris la première petite rue à gauche qui allait dans le quartier et je conduisis droit devant moi sans savoir où j'allais. C'était le milieu de la journée et habituellement ces quartiers grouillaient de monde mais il n'y avait personne à qui demander sa route. Après un long détour, je suis enfin arrivé à un croisement que je reconnaissais, et nous sommes arrivés à l'Imprimerie de la mission où nous étions attendus par nos amis missionnaires.

Nos hôtes nous ont accueillis avec inquiétude. C'est en parquant la voiture que j'ai réalisé que mon pneu avant gauche était crevé... À ce moment nous avons appris que nous avions conduit au milieu d'un coup d'état. L'ancien président essayait de renverser le nouvel élu et les soldats que nous avions vus ne s'entrainaient pas, ils se battaient contre les rebelles et défendaient la Station de la radio Nationale. Le bruit bizarre que nous avions entendu était des coups de feu. J'ai vérifié mon pneu : il était percé d'une balle qui l'avait traversé et avait fini son parcours dans le système de climatisation. Une seconde était logée dans le longeron de ma portière. Si elle l'avait traversé, elle aurait fracassé ma cheville gauche.

    Nous avons passé la semaine suivante au siège de l'Union dans l'appartement du trésorier. Personne n'avait le droit de sortir vu les rebelles et les soldats qui jouaient à cache-cache sur le terrain de l'Union. Nous avons passé nos nuits dans le couloir au milieu de l'appartement, le seul endroit sûr où nous étions protégés des balles. Cela nous a rappelé Lukanga quand nous y avions passé une nuit à examiner chaque centimètre de notre couloir.

Mais le plus intéressant dans tout cela c'était que nous avions perdu contact avec notre camion. Souvenez-vous, il n'y avait pas de téléphone portable à l'époque ! Aucun moyen de savoir où il était. Eh bien il est arrivé une semaine plus tard avec tous nos biens. Rien ne manquait. Le chauffeur avait caché son camion quelque part dans la banlieue à l'abri de tout regard concupiscent.

Que disiez-vous au sujet des miracles ?

Retour en France

Après huit ans de service au Cameroun, nous sommes retournés définitivement en France. Le choix a été principalement guidé par l'éducation de nos enfants. Les écoles françaises, que ce soit à Douala ou à Yaoundé étaient bonnes, mais la majorité de leurs élèves appartenaient à une classe de la société qui n'était pas vraiment la nôtre. La plupart des élèves étaient des enfants d'expatriés qui dirigeaient de larges industries, des multinationales ou des banques. Comme nos enfants étaient souvent invités chez leurs amis, ils pouvaient facilement voir que leur mode de vie et leurs valeurs n'étaient pas exactement les mêmes que les nôtres, pour dire le moins.

À notre retour en France en 1986, les frères de la Division avaient une nouvelle surprise pour moi. Ils avaient fait des plans dont je n'avais aucune idée, mais avant que cela puisse être exécuté, ils m'ont offert une année sabbatique pour suivre un cours en informatique à l'Université Webster de Genève.

Pour cette raison, ils ont demandé à notre campus à Collonges de nous loger. Jean-Philippe et Sandrine pouvaient commencer une année scolaire normale sur le campus, ce qui était notre priorité.

Premièrement, je n'ai jamais compris pourquoi ils m'avaient demandé de prendre ces cours. Pouvez-vous imaginer ce que les cours d'informatique étaient en 1986 ? Ce n'était pas si loin du boulier chinois ! L'année précédente alors que j'étais encore le trésorier de l'Imprimerie de la Mission Adventiste (IMA), j'avais demandé à un ami qui était le directeur de notre maison d'édition « Vie et Santé » en France, d'acheter un Commodore 64 et de me l'envoyer. Je pensais faire un grand pas en avant en informatisant la comptabilité de l'IMA. Après réception j'ai pianoté plusieurs jours sur le clavier avant que je réalise qu'il n'y avait rien que je puisse faire sans un programme ! Personne ne m'avait dit que nous avions besoin d'un programme spécifique pour faire fonctionner cette machine ! Je pensais qu'il suffisait de taper quelques commandes et…voilà ! C'était un ordinateur de six bit avec un disque souple et c'était l'ordinateur qui se vendait le mieux à l'époque…et il m'était inutile ! Nos iPhones d'aujourd'hui ont probablement mille fois plus de mémoire et marchent mille fois plus vite que mon Commodore ! Quand le fils de Roy Terretta, un adolescent qui avait déjà entendu parler d'ordinateur a su que nous en avions un, il s'est précipité dans mon bureau. Il commença à jouer avec et a vite découvert un jeu électronique de ping-pong. Sean Terretta fut sûrement le prédécesseur de millions d'enfants scotchés à leurs écrans pendant des heures.

La question que je me posais était de savoir si les frères avaient entendu parler de mes succès informatiques à l'IMA et avaient décidé que j'allais avoir besoin d'un peu, je veux dire, de beaucoup d'aide ?

Mes études furent prolongées d'une année pour les compléter par une maîtrise en gestion (MBA). En fait ils m'offraient la chance d'avoir le diplôme pour le travail que je faisais depuis dix ans !

C'était la fin de Mars 1988 quand les frères ont révélé leur plan.
Maurice Zehnacker, qui était l'administrateur de notre Séminaire à Collonges, fut élu président de notre Union et dut partir à Paris... laissant son siège vide ! Surprise, surprise, j'étais déjà sur place pour le remplir ! Voilà ce qui s'appelle de la planification, mes amis ! Avec la cerise sur le gâteau : que j'informatise la comptabilité de Collonges tout en gérant l'Institution.

Ce fut une longue et douloureuse procédure pour quelques-uns de nos employés. Les plus jeunes avaient hâte de changer mais pour ceux qui avaient l'âge de prendre la retraite... c'était différent ! À cette époque les seuls programmes de comptabilité « tout faits » étaient assez simples et utilisables uniquement pour une petite entreprise. Le campus avait quatre écoles différentes qui devaient être intégrées dans le même logiciel. Il devait être développé spécialement pour nous…

Pendant que je m'occupais de cette transition entre la comptabilité moderne et celle du Moyen-Age, j'ai aussi pris soin d'autres problèmes sur le campus.

Il ne m'a pas fallu longtemps pour m'apercevoir que les coûts de la cafétéria dépassaient de loin les revenus. Je me demandais bien pourquoi. En allant au bureau un dimanche matin, j'ai vu un des cuisiniers charger sa voiture avec des boites de conserves et des légumes frais. Vu que c'était lui qui allait au marché au moins une fois par semaine pour approvisionner la cuisine, je n'y ai pas prêté spécialement attention sur le moment. Mais au cours de l'après-midi, j'ai appelé le chef cuisinier pour lui demander où était son collègue ce jour-là. La réponse qu'il me donna était ce que je craignais : « il rendait visite à ses parents ce jour-là » ! Voilà l'origine de nos déficits.

J'avais le choix entre licencier un cuisinier, ce qui voulait dire rechercher un autre cuisinier qualifié parmi nos membres d'église, ou trouver une autre solution. Vous savez quel est le sujet principal de non-satisfaction dans un internat ? La nourriture. En réfléchissant à ce que représente la gestion d'une cafétéria : faire toutes les courses, équilibrer le budget mais aussi le régime de douzaines d'élèves et de visiteurs étrangers, tout en faisant en sorte que ça leur plaise, n'était pas facile pour tout le monde. Ça ne m'a pas pris longtemps pour décider que je n'avais pas envie d'être impliqué dans cette responsabilité de plus. J'ai effectué quelques recherches, donné quelques coups de téléphone et ai décidé d'externaliser la gestion de notre cafétéria.

Vous pouvez imaginer qu'il y a eu pas mal d'oppositions à ce sujet. Cela ne s'était jamais fait dans aucune de nos institutions ! Avec quel genre de nourriture ces gens de l'extérieur allaient-ils nourrir nos enfants ? Comme un dicton le dit très bien « ils m'ont chanté la marseillaise en portugais ». Premièrement je devais convaincre nos dirigeants avant d'impliquer le personnel. Mais les chiffres étaient là pour soutenir cette décision. Si nous ne pouvions pas choisir le personnel qui allait travailler à la cuisine nous avions des conditions :

1. Tous les cuisiniers devaient suivre un cours de cuisine végétarienne pendant trois semaines.

2. La société prendrait soin de tous les achats, des salaires et des avantages perçus par les cuisiniers.

3. Nous payerons la société par un système de points par plats aux élèves évitant ainsi de nous retrouver avec des restes invendables.

4. Les élèves auraient le droit à un certain nombre de points par semestres et pourraient même inviter leurs amis ou leurs parents pour manger avec eux, sur leur compte, s'ils avaient assez de points, ce qui n'était pas le cas avant.

Non seulement nous sommes restés dans le budget mais la cafétéria devint une petite source de profits pour la première fois depuis des décennies. N'est-ce pas là le travail d'un trésorier : transformer des dépenses en profits ? Plus de trente ans plus tard la cafétéria est toujours sous-traitée.

Tournant l'inflation à notre profit

Vers la fin des années 1980, nous vivions une crise avec une inflation au-dessus de dix pour cent. La manière traditionnelle de payer nos factures à Collonges était de le faire dès leur réception. Nous étions de très bons clients, très appréciés par les commerçants locaux.

Mais à cause de cette inflation, les banques avaient développé un outil financier qui s'appelait Sicav à l'époque, utilisé pour investir notre argent pendant une courte durée avec un retour d'un ou deux points en dessous du taux de l'inflation. L'argent était disponible 24h sur 24h et c'était une sorte de tirelire que l'on pouvait utiliser à n'importe quel moment, mais cette tirelire-là rapportait un intérêt !

J'ai décidé d'utiliser cet outil et de mettre tout notre argent liquide dans ce compte spécial. Et au lieu de payer nos fournisseurs dès réception de leurs factures, nous attendions la date de l'échéance de la facture : la plupart du temps trente jours.

À la fin de l'année nous avions un bénéfice financier de plus de deux cent mille francs, ce qu'on n'avait jamais eu auparavant !

Cours de langues

La Suisse n'était pas autant atteinte par cette crise que le reste de l'Europe. Genève était juste de l'autre côté de la frontière, à dix kilomètres du campus, et attirait toujours beaucoup de personnes cherchant un travail bien rémunéré.

C'est à cette période, que le maire d'Archamps, un village mitoyen de Collonges, voulant profiter de l'économie florissante de Genève, a eu l'idée de développer un Parc International de Business. Ce Parc était supposé attirer les compagnies internationales pour entrer en compétition avec Genève, avec les avantages d'un coût bien moins élevé pour les bureaux et les salaires.

Mais pour que cela fonctionne, pour attirer les compagnies internationales, il fallait parler couramment anglais. Cela m'a donné l'idée de développer des cours du soir d'anglais pour les adultes. Nous avions trois niveaux d'anglais et ayant les professeurs à disposition, nous avons également proposé des cours d'espagnol et d'allemand. Ce fut un succès vu que cent vingt élèves se sont inscrits.

À la fin de chaque trimestre (12 cours), nous organisions un petit buffet où les élèves aimaient passer du temps pour faire connaissance et échanger leurs impressions. Nous avions même l'épouse du boulanger local parmi nos élèves. Cela a été l'occasion pour les habitants de la commune non seulement de venir sur le campus, mais de parler avec nous et de découvrir qu'en haut de leur montagne, les Adventistes du Septième Jour n'étaient pas des gens si bizarres, après tout.

Missionnaires en Suisse ?

Ce titre vous ennuie-t-il ? Il semble peut-être un peu incongru quand on parle d'un des pays les plus riches du monde. Mais n'appelons-nous pas missionnaires, toutes personnes qui travaillent hors de leur pays d'origine ? Quand nos pionniers sont partis des États-Unis pour aller en Suisse vers la fin des années 1880, ils étaient appelés missionnaires. De même pour les Témoins de Jéhovah quand ils vont faire du porte à porte en Suisse.

Au début de l'année 1993 notre Division à Berne m'a appelé pour être Trésorier Associé. En principe je devais m'occuper des pays latins de notre Division. Mais le résultat des courses fut un peu différent. Jugez par vous-même. Si la France, l'Italie, l'Espagne, le Portugal, la Roumanie sont bien latins, allez savoir pourquoi la Tchécoslovaquie, la Bulgarie, et... l'Angola et le Mozambique se sont ajoutés à cette liste ? En fait il n'y avait que 3 pays dont je n'étais pas responsable : la Suisse, l'Autriche et l'Allemagne !

Nous étions au début des années 90 et c'était l'époque de la Perestroïka[10], beaucoup de choses se passaient sur le front de l'Est ! Le mur de Berlin venait de tomber, Ceausescu, le dictateur roumain avait été renversé, emprisonné et exécuté pour trahison.

À mon arrivée, vu que je n'avais pas trop à faire pour les pays assignés à mon portfolio (!), les frères m'ont demandé de dévouer dix pour cent de mon temps à la vérification des comptes des pays concernés. La première vérification que je devais effectuer était en Roumanie !

Vous devez comprendre que pendant toute la période communiste l'Église roumaine n'a jamais été

---

[10] En russe, littéralement « la reconstruction », est le nom donné aux réformes économiques et sociales menées par le président de l'URSS Mikhaïl Gorbatchev en Union soviétique d'avril 1985 à décembre 1991, selon trois axes prioritaires : économique, social et éthique (Wikipédia).

officiellement reconnue par le gouvernement, tout juste tolérée. Il y avait des personnes qui, sous couvert de piété, étaient tout simplement des espions qui venaient dans les églises pour relever les noms des pasteurs, les responsables de toute sorte et récolter n'importe quelles informations dont le régime communiste avait besoin. Le gouvernement savait que nous récoltions de l'argent ! Nos frères n'étaient pas dupes sur l'existence de ces (faux) frères et ils agissaient en conséquence ! Cela voulait dire qu'il y avait deux types de comptes : l'officiel et le réel. Le seul problème est que j'avais des difficultés à faire la péréquation entre les chiffres mentionnés sur les livres des comptes et le coût de la vie. Lors de mon premier voyage à Bucarest, le trésorier est venu aimablement m'accueillir à l'aéroport et m'a véhiculé dans sa Dacia, la copie locale de la Renault 12. En route vers l'hôtel, il remarqua une file de voitures qui faisait la queue dans une station d'essence. Il fit la queue comme tout le monde car l'essence était rare et toutes les occasions étaient bonnes pour acheter quelques litres. J'ai vu également le prix du litre d'essence. Ce n'est que plusieurs jours plus tard que j'ai réalisé qu'un plein coûtait l'équivalent d'un mois de salaire !

J'ai ensuite découvert que chaque pasteur possédait une voiture qui représentait vingt ans de salaire ! J'ai commencé à sérieusement poser des questions et ils m'ont avoué que certains des pasteurs avaient reçu de l'aide de leur famille qui habitait en Europe. Mais dans la plupart des cas, c'étaient les membres de leur église locale qui avaient acheté une voiture pour leur pasteur, qui lui, ne pouvait pas se le permettre financièrement. Je me suis donc rendu compte que nos frères étaient assez « créatifs » dans leurs comptes. Que devais-je faire ? J'étais le premier « vérificateur aux comptes » qu'ils voyaient depuis cinquante ans ! Tous les trésoriers, toujours des pasteurs sans aucune formation comptable, avaient accepté ces postes pour rendre service. Le trésorier de l'Union Roumaine pour sa part avait été élu à ce poste car il avait réussi à construire un véritable temple de cinq cents places sous Ceausescu, même si à l'époque c'était interdit de le faire ! En fait, pendant notre circuit de toutes les Fédérations dans le pays, il avait insisté pour que nous fassions un détour afin de me montrer la fameuse église qu'il avait construite à Matca, vu qu'un mariage y avait lieu ce dimanche-là.

J'ai soupçonné que c'était une diversion de l'audit que j'étais supposé faire dans l'une de leurs Fédérations. Mais il était l'hôte et moi le visiteur de son église… Je ne pouvais pas vraiment refuser. Il a juste appelé en avance pour prévenir le pasteur local que nous étions en route. C'est en arrivant sur place qu'il m'a demandé de faire la méditation et la bénédiction du jeune couple. J'avais dix minutes pour me préparer, trouver une cravate et…officier.

Vous vous souvenez des trois choses qu'un pasteur doit toujours être prêt à faire ?

Angola et Mozambique

L'Angola et le Mozambique sont des pays où la langue principale est le portugais. L'Angola est sur la côte ouest et le Mozambique au sud-est de l'Afrique. Ces pays ont été en guerre depuis les années 1960 quand ils ont commencé à se battre pour expulser les Portugais, leur pouvoir colonial. Puis quand ils ont réussi à les expulser dans les années 1970, ils ont continué à se battre entre eux pour prendre le contrôle du gouvernement. Au début des années 1990, à cause de cette situation, ces pays n'avaient jamais été audités.

Pendant mon séjour au bureau de la Division à Berne, j'ai visité annuellement ces deux pays africains où je passais en moyenne un mois entre les deux. Si le Mozambique était presque en paix, l'Angola était toujours divisé. Voler jusqu'à Luanda, la capitale de l'Angola, n'était pas un problème mais notre bureau de l'Union en Angola était à Huambo. C'était situé au milieu du pays et tous les alentours étaient toujours contrôlés par l'Unita. Savimbi, le dirigeant rebelle avait sa maison privée à Huambo. Dire qu'il avait hâte de « libérer » sa ville natale était un euphémisme. Dr. Stoeger, le directeur de notre département de santé à Berne en avait fait l'expérience : les rebelles étaient assez proches pour tirer une roquette sur son avion pendant qu'il décollait. Personne n'avait été blessé mais j'ai vu l'épave de son Boeing 727 quand je suis arrivé la première fois...

Depuis cet incident, il n'y avait plus de compagnie aérienne régulière à vouloir voler jusqu'à Huambo. Les plus courageux devaient prendre un vieux Ilyushin, un avion russe qui remontait probablement aux années 70. À l'époque il avait dû être utilisé contre les Portugais afin de les aider à quitter les lieux.

Le pilote était russe et devait être payé en cash. Le premier vol que j'ai pris, j'ai dû partager mon siège avec une Mama robuste avec quelques poules sur ses genoux. Je ne me suis pas plaint parce que plus loin dans la cabine se trouvait un autre passager qui avait une chèvre comme compagnon. Le vol s'est presque déroulé normalement jusqu'à notre arrivée à Huambo. Les rebelles encerclaient la ville et la seule manière que nous avions pour atterrir, était d'arriver de très haut au-dessus de Huambo et de finir dans une spirale serrée au-dessus de l'aéroport pour être dans une zone hors d'atteinte des armes rebelles. Si vous êtes allés à Disney Land, c'est pareil mais multiplié par dix.

La procédure pour le décollage est exactement la même mais à l'inverse, jusqu'à ce que l'avion arrive à une altitude assez élevée pour voler en ligne droite. À l'aller l'avion tremblait tellement que les panneaux d'EXIT étaient tombés de leur emplacement, les coffres à bagages au-dessus de nos têtes s'étaient grand ouverts et, pour couronner le tout, la porte des pilotes s'était ouverte en grand...pour laisser rouler tout le long du couloir une bouteille vide de vodka. Si nous n'étions pas sûrs que le plein de l'avion ait été fait, ce qui était sûr c'est que les pilotes eux, l'avaient fait ! Vous pensez peut-être que la tête des africains devient blanche de peur ? C'est faux, elle devient grise !

Il n'y avait pas d'hôtel, je devais loger dans la maison du trésorier. Vérifier ses comptes dans de telles conditions est un peu... difficile pour dire le moins. Ce que j'ai remarqué en premier, c'est que selon les registres d'église, il n'y avait pas eu un seul mort depuis le début du conflit, datant de plus de trente ans. Mais il y avait eu beaucoup de baptêmes. Je suppose que ça m'a donné une idée sur la façon dont les comptes étaient tenus en Angola.

Comme j'étais un des rares visages pâles venant les visiter, beaucoup de membres d'église venaient d'un peu partout pour voir l'homme blanc. Cela m'a permis d'écouter certaines personnes qui se plaignaient sur la façon dont l'église était dirigée.

D'autres m'ont même montré une nouvelle maison que le trésorier venait de se construire. Une maison de briques et de ciment et pas avec un toit en paille ! Si les salaires roumains étaient d'à peu près deux cents dollars par mois pour un pasteur, ils étaient bien plus bas en Angola. Des conclusions devaient être faites : il y avait des fuites que je devais trouver. Il ne m'a pas fallu longtemps pour les trouver, mais maintenant que devais-je faire ?

Comme vous pouvez l'imaginer, contacter la Division était un peu compliqué au milieu de la brousse. Le bureau de l'Union avait un téléphone qui fonctionnait de temps à autre mais les liaisons internationales étaient des plus difficiles. En plus de cela, comment avoir une discussion en privé avec nos dirigeants quand une demi-douzaine de personnes m'entourait... Je pouvais parler français mais certains de nos chefs parlaient cette langue. J'aurais pu essayer le peu d'allemand que je connaissais, mais le secrétaire de l'Union était diplômé de notre Séminaire en

Allemagne. J'ai réussi à contacter le trésorier de la Division en anglais et lui ai expliqué la situation à demi-mots sans aller dans les détails. Il m'a demandé de l'appeler le jour suivant pour la réponse car il devait consulter ses collègues.

Ce que je fis. La réponse était très simple : demander au président d'Union de réunir un comité d'urgence afin de licencier et remplacer le trésorier. C'était facile à dire mais convaincre nos frères africains de licencier quelqu'un n'est pas une tâche facile. Ils étaient dans un dilemme : la Division était le seul soutien financier de l'Union. C'était leur seul lien vers l'extérieur, et la source de tout le matériel et des véhicules qu'ils recevaient. Ils ont donc nommé un jeune comptable pour remplacer le trésorier.

J'avais programmé ce comité d'Union la veille de mon départ pour une bonne raison : le trésorier était mon hôte, et il me nourrissait pendant mon séjour ! Vous comprendrez certainement pourquoi j'ai prétendu des maux d'estomac pour sauter le repas du soir et le petit déjeuner avant mon départ ?

Épilogue

Je vais arrêter ici les réminiscences de mes expériences africaines qui remontent essentiellement à l'époque où je travaillais dans les territoires de notre Division de Berne. J'en ai d'autres dans un autre contexte et peut-être qu'un jour…

J'ai envoyé une copie à un ami d'enfance dont le père avait également été missionnaire pendant dix ans au Cameroun. Sa réaction à la lecture de ce que vous venez de lire me surprit quelque peu. Tout en mentionnant le fait que plusieurs situations lui rappelaient des histoires que son père avait vécues et lui avait racontées sur le tard de son expérience au

Cameroun, il me posait simplement la question de savoir si tout était bon à dire.

Il est vrai que certains passages concernant le tribalisme et l'honnêteté relative de nos frères africains dérangent un peu le politiquement correct actuel. Mais faut-il édulcorer la réalité parce que les situations que nous avons vécues concernent des gens de couleur ? Je ne suis pas du tout gêné de dire que certains de nos frères aux visages pâles ont eu exactement le même genre de comportement en Europe.

Alors j'ai envoyé une autre copie à un autre ami et collègue de longue date qui, lui, était présent lors de certaines situations vécues ensemble au Zaïre. Sa réaction a été complètement à l'opposé. Il m'a rappelé que le séminaire sur les missions auquel nous avions participé avant de partir en 1975, avait pour but essentiel de démystifier tout ce que nous avions comme idées préconçues sur les missions. Et de s'attendre à ce que la réalité du terrain nous réserve quelques surprises. Le but du séminaire était d'éviter que, partis en missions avec des idées toutes roses, nous ne tombions de haut à l'arrivée.

Les témoins d'une situation particulière nous ont relaté les faits suivants. Une nouvelle famille de missionnaires était attendue dans notre école de Gitwe au Rwanda. Le jour de leur arrivée les responsables de l'école ont été consternés de voir que le véhicule amenant les nouveaux missionnaires faisait le tour du campus et, probablement déçus de ce qu'ils venaient de voir, repartait sans s'arrêter vers la capitale. De là, les « missionnaires » de quelques jours sont retournés chez eux. Ce qu'ils avaient vu ne correspondait probablement pas à ce qu'ils avaient imaginé. Et tout cela bien sûr aux frais de la princesse ! Si nos frères dirigeants avaient été un peu plus honnêtes sur la réalité, peut-être que ce genre de situation, et les dépenses qui en découlent, auraient pu être évités.

Que les personnes froissées voire choquées excusent ma franchise. Elle ne change pas grand-chose quand le propos principal de ces lignes est de relater l'intervention divine « miraculeuse » dans les situations les plus difficiles, voire dangereuses, de notre expérience missionnaire.

Que Son Nom soit loué pour cela !

Remerciements

À Eileen, mon roc. Je suis toujours étonné qu'après 50 ans de mariage elle me supporte toujours. Non seulement elle a vécu dans l'ombre toutes ces expériences en gardant un esprit positif mais en bonne missionnaire, elle a accepté toutes sortes de tâches alors qu'elle n'y était pas formée. De prof d'anglais, en passant à celui de préceptrice d'un internat de jeunes filles au Zaïre, puis à celui de comptable et gérante d'une librairie au Cameroun pour la période relatée dans ce livre. De m'avoir rappelé certaines situations vécues ensemble et d'avoir corrigé non seulement plus d'un détail mais également la version anglaise de ce livre. I love you babe.

À **Vanessa**, notre « bébé « qui n'a pas connu l'Afrique puisqu'elle est née quatre ans après notre retour définitif en Europe. Mais qui en corrigeant la version anglaise en a appris pas mal sur ce qu'on fait papa et maman sur le continent africain !

À **Sandrine**, notre fille, qui elle avait 3 ans quand nous sommes partis et qui se souvient de certains épisodes vécus ensemble ; avec sa fille **Amélie**, elle s'est « amusée » à corriger la version française.

À **Laren et Averil Kurtz**, compagnons d'armes, francophiles depuis toujours, puisque rencontrés au Zaïre. Missionnaires au Mexique plus tard, ils restent toujours actifs dans la langue de Molière et ont bien voulu revisiter mon manuscrit français.

À **Jean-Philippe,** notre fils qui s'est escrimé pendant plusieurs heures à formater mon texte et à le télécharger sur le site de BoD . Sans lui je n'y serai pas arrivé.

Et surtout à **Evelyne Zuber** qui, en tant qu'ex-professeure de français a parcouru ce manuscrit de son œil de lynx pour lui donner l'aspect actuel, et qui, en tant qu'auteure elle-même de plusieurs ouvrages, m'a donné moult conseils pour la publication de ce recueil de souvenirs.

Table des matières :

Prologue	9
Un bon départ ?	13
Lukanga	27
Ad Intérim	33
Au marché	39
En attendant	45
Rébellion scolaire	49
Nouvelle an à Korora	57
Permutation	63
Songa	65
Une blessure, deux patients	71
Vacances inattendues à Lusaka	77
Visite au milieu de la brousse	81
Coup de boule	83

A bientôt ou Adieu ?	87
Nanga-Eboko	93
Douala	97
Congés en Europe	105
Déménagement	115
Retour en France	121
Tournant l'inflation à notre profit	129
Cours de langues	131
Missionnaires en Suisse ?	133
Angola et Mozambique	139
Epilogue	147
Remerciements	151
Table des matières	155